Margrit Irgang

Wunderbare Unvollkommenheit

Margrit Irgang

Wunderbare Unvollkommenheit

Das Zen-Buch der Lebenskunst

HERDER

FREIBURG · BASEL · WIEN

HERDER spektrum Band 6740

FSC
www.fsc.org
MIX
Papier aus verantwortungsvollen Quellen
FSC® C083411

Neuausgabe der überarbeiten und ergänzten Ausgabe 2014

Titel der Originalausgabe »Zen-Buch der Lebenskunst«

Umschlagkonzeption und -gestaltung: Designbüro Gestaltungssaal
Umschlagmotive: © shutterstock

Satz: Arnold & Domnick, Leipzig
Herstellung: CPI books GmbH, Leck

Printed in Germany
ISBN 978-3-451-06740-2

Ich danke den Lehrern, denen ich begegnen durfte, ob sie einen Titel tragen oder nicht. Ich danke den Dichtern, Malern und Musikern, deren Freundschaft und Arbeit mich begleiten.

Ich danke dem Ehrwürdigen Thich Nhât Hanh, der ein wahrer Künstler des Lebens ist.

Inhalt

Ein-Stimmung

Ich möchte in diesem Buch über etwas ganz Einfaches sprechen. Es ist so einfach wie, sagen wir, ein Hammer oder ein Messer. Wir benutzen es auch auf dieselbe Weise: als Handwerkszeug. Die einfache Sache nennt sich Achtsamkeit. Sie ist die Basis der meisten meditativen Wege; sie ist vor allem die grundlegende Praxis des Zen. Ich mag das Wort Zen: Es ist so kurz und prägnant wie der Schlag des Hammers, der den Nagel in die Wand treibt.

Was können wir erfahren, wenn wir Zen praktizieren? Wir können das *Leben* erfahren.

Leben ist nicht unser Alltag von null bis vierundzwanzig Uhr und auch nicht unser Leben von der Geburt bis zum Tod, obwohl beides zu ihm gehört. *Leben* ist das große Werden, der ständige Fluss alles Seienden, von dem wir selbst ein Teil sind, und es enthüllt sich in den Phänomenen der Welt. Es zeigt sich in unseren Glücksmomenten ebenso wie in den Verlusten; es trägt uns empor, wirft uns in Abgründe und lässt uns gestrandet am Straßenrand zurück. Der Gesang des Starenmännchens, der Platzregen im Innenhof und das Schmatzen der Erde unter meinen Schuhen ist die Stimme des *Lebens*. Der warme Lappen voll Seifenwasser, der über die Fliesen fährt: die Berührung des *Lebens*. Der Käse, durch die Reibe gedrückt, der einen kleinen Hügel in der Schüssel bildet: das Gesicht des *Lebens*. Leben spricht sich unaufhörlich aus, ob ich das höre oder nicht. Es liegt an mir und meiner Wahrnehmung, es für mich sicht- und hörbar zu machen. *Leben* ist eine der Bedeutungen des Wortes »Dharma«; eine weitere, die bekannteste Bedeutung ist »die Lehre des Buddha«.

Ein Künstler weiß, wovon hier die Rede ist. *Leben* als ständig fließende, alles verändernde Kraft ist der Gegenstand seines Interesses, und *Leben* manifestiert sich in sichtbaren, greifbaren Formen. Den meisten Künstlern braucht man nicht zu sagen, dass diese Formen – wie es der Buddha lehrt – »leer« sind, nämlich ohne eigenständige Existenz. Er oder sie ist fähig, sich über einen Grashalm zu beugen und in ihm das Universum zu sehen; er erkennt im Wesen der Freundin die Geschichte ihrer Vorfahren und in den Augen des Obdachlosen sich selbst.

Leben aber ist für alle da und darf nicht nur der kleinen Gemeinde der Künstler zugängig sein. Im Lauf meiner Zen-Praxis fand ich deshalb zu einer neuen Definition von Kunst. Viele Künstler bemühen sich, in ihrem Werk *Leben* sichtbar werden zu lassen. Wenn sich *Leben* aber auch darin ausdrückt, wie ich meinen Boden aufwische, dann kann jeder Mensch ein Künstler sein. Wir brauchen keine Akademie zu besuchen und keinen Abschlussgrad zu erwerben. Wir brauchen nur ein gutes Handwerkszeug, um mit seiner Hilfe uns und die Welt wahrzunehmen. Wir brauchen die Achtsamkeit.

Die Kunst des Lebens ist die wichtigste, die wir ausüben können. Sie unterliegt zwar weitgehend denselben Bedingungen wie die Arbeit des akademischen Künstlers. Aber sie geht tiefer, hat weiter reichende Bedeutung. Das Kunstwerk des Lebens-Künstlers ist letzten Endes er selbst: seine reichen Gefühle und seine Fähigkeit, sie auszudrücken; seine klare Wahrnehmung dessen, was ist, und sein Vermögen, dies anderen mitzuteilen; sein Wissen um seine eigenen Abgründe, Motive und Bedingtheiten und sein Verständnis für die Abgründe der anderen; seine Leichtigkeit, Heiterkeit und Anmut, auch und gerade angesichts von Verlusten und Leid; sein tiefes Mitempfinden und sein Wunsch, alle Menschen mögen geborgen sein, Freude empfinden und ihre wahre, strahlende Natur erkennen.

Ein wahrer Künstler des Lebens wäre für mich ein erwachter Mensch, der durch sein bloßes Sein die Menschen, die mit ihm in Berührung kommen, verwandelt.

Etwas sollte uns allerdings klar sein. Es geht im Zen nicht darum, sich ein »schönes Leben« zu machen oder eine Denkweise gegen eine andere auszutauschen. Obwohl wir das, als Hilfsmittel sozusagen, vor allem am Anfang unserer Übung gelegentlich tun. Dem Zen geht es vielmehr um die radikale Transformation unserer Persönlichkeit auf Grund einer direkten und spontanen Erfahrung. Die Grundfrage des Zen ist die wichtigste, die es gibt: *Wer bin ich?*

Das Zen gibt keine Antwort darauf. Die Antwort müssen wir selbst geben, und zwar in jedem Augenblick aufs Neue. Wenn wir begreifen, dass es unsere Aufgabe ist zu antworten, werden wir nicht in die Falle gehen zu glauben, die Antwort zu »haben«.

Vor einer Antwort aber steht eine Frage, und deshalb schlage ich in diesem Buch zahlreiche Fragen vor, die Sie sich stellen könnten. Fragen sind Lampen, die unser Unbewusstes beleuchten, und wenn wir kraftvoll Zen üben, wird es über kurz oder lang nichts mehr in uns geben, das uns unbekannt ist. Vielleicht werden Sie dieses Buch mit einer neuen Frage aus der Hand legen. Das würde mir sehr gefallen. Eine Frage versetzt uns in genau den Zustand der Offenheit, in dem wir die feine Stimme des *Lebens* hören können.

Eine der wichtigsten Lehren des Buddha besagt, dass alles von allem durchdrungen ist. Dieses Buch behandelt verschiedene Themen, aber sie sind wie die Themen einer Sonate: Ein Thema klingt an, wird ausgeführt und verwandelt sich in ein anderes. Das erste Thema wird irgendwann erneut aufgenommen und variiert. Wir können nicht über die Wut sprechen, ohne den Schmerz zu berühren; wir können uns nicht mit Beziehungen befassen, ohne das Alleinsein zu verstehen. Tatsächlich ist unser ganzes Leben solch eine Sonate, voller Themen, die einander durchdringen und unendlich variiert werden.

Leben ist nicht in Worten zu finden. Aber vielleicht – wenn Sie in der Stille der Übung ruhen und aufmerksam lauschen – werden Sie seine Stimme inmitten Ihres Alltags hören. Es gurrt mit der Stimme der Ringeltaube, lacht mit dem Jubel eines Kindes und weint mit den Opfern unserer zahllosen Kriege. Es hängt als Hagebutte am Strauch und fordert uns auf, in seine Farbe einzutauchen, um verwandelt aus ihr hervorzukommen. Es sitzt in den Härchen eines Pullovers und steigt in unsere Nase als der Duft von Kaffee. Wenn wir zugreifen, halten wir nichts als Luft in unseren Händen. Wenn wir jedoch den Mut haben, uns ihm vorbehaltlos zu öffnen, wird es uns zu seinem Instrument machen. Dann wird unsere Stimme die Stimme des *Lebens* sein. Eine reine und klare Stimme mit unserem eigenen, unverwechselbaren Ton.

Der Ruf

Tag und Nacht
Musik. Ein feiner, heller
Rohrflötenklang. Wenn er verklingt,
verklingen wir.

Rumi

Der Künstler und die Achtsamkeit

Wir alle wissen, was ein Künstler ist. Er oder sie malt, spielt Klavier, macht Skulpturen, tanzt, schreibt Geschichten oder stellt am Abend auf der Bühne die »Maria Stuart« dar. Zum Künstler, so hat man uns erzählt, muss man geboren sein. Man braucht dazu ein bestimmtes Talent, das nicht jeder hat. Deshalb gehört der Künstler und sein Produkt, die Kunst, auch nicht zu unserem Alltag. Sein Werk scheint nicht hineinzupassen in die Stunden zwischen acht und acht, zwischen Wäschewaschen, Kindergeschrei, die Konferenz um drei und den Abschluss von wichtigen Verträgen. Kunst findet – wenn sie überhaupt anwesend sein darf – bei Nichtkünstlern in der Freizeit statt in Form von Museumsbesuchen, dem Gang ins Theater und dem Kauf eines Buches.

Joseph Beuys, einer der größten Künstler des zwanzigsten Jahrhunderts, sah das anders. Er erfand den »erweiterten Kunstbegriff«, und bekannt geworden ist sein Satz »Jeder Mensch ist ein Künstler«. Damit meinte er nicht, dass jeder Leinwand oder ein Klavier kaufen sollte. Er begriff vielmehr das Zusammensein der Menschen untereinander, das Naturgeschehen und den gesamten Kosmos als ein Werk der Kunst, das von allen, die sich darin befinden, miterschaffen wird.

Also sind *Sie* ein Künstler.

Der Künstler braucht, um Kunst zu erschaffen, ein Material. Das kann ein Klumpen Ton sein, ein Stück Holz, ein alter Sack. Das Material kann auch unsichtbar sein und in Form von Tönen, Ideen oder Gefühlen in seinem Inneren leben. Das Material drängt sich einem Künstler geradezu auf; es hat die Eigenschaft, bearbeitet werden zu wollen. Auch Sie haben jede Menge Material, das dringend nach Bearbeitung ruft: Ihr eigenes Leben.

Erschrecken Sie nicht. Es geht allen Künstlern wie Ihnen: Eigentlich wollen sie nicht so recht an die Arbeit heran, es ist mühsam, schon wieder etwas Neues anzufangen; man weiß nicht, was herauskommen wird, draußen regnet es seit Tagen, und überhaupt ginge man lieber ins Bett.

Das ist ein wunderbarer Moment, mit dem Kunstwerk anzufangen. Wenn die Sonne scheint und ein Fest gefeiert wird, sieht das Leben aus, als wäre es schon fix und fertig, geradezu ein Gemälde, aber leider ist es das nicht. Das merken wir erst dann, wenn es wieder einmal regnet, der Abfluss verstopft ist und eine Erkältung naht. Dann brauchen wir Willen, Mut und Disziplin, um aus dem unansehnlichen Tag einen ansehnlichen zu machen – drei Eigenschaften, die ein Künstler von Anfang an entwickeln muss. Er wird sie brauchen, ein Leben lang.

Sie haben also Ihr Material, aber jetzt fehlt Ihnen noch Ihr Handwerkszeug. Ich meine hier nicht nur Hammer und Meißel des Bildhauers, Stifte und Pinsel der Malerin. Das Handwerkszeug des Künstlers ist subtiler: Es ist seine Fähigkeit, tief zu sehen, genau zu hören, sensibel zu berühren. Es sind die ausgebildeten, unendlich verfeinerten Sinne, mit denen ein Künstler sein Material betrachtet, wendet und dreht, in die Hand nimmt und formt. Es ist die Offenheit, seinen Eigenwillen aufzugeben und das Material selbst zu befragen, wie es von ihm bearbeitet sein will. Es ist, in einem Wort, die Achtsamkeit.

Was brauchen Sie, um aus Ihrem Leben ein Kunstwerk zu machen? Der vietnamesische Zen-Meister Thich Nhât Hanh fragt: »Können wir ein Gedicht über das Innehalten, die Absichtslosigkeit, das einfache Sein schreiben? Können wir etwas dazu malen? Alles, was wir tun, ist ein Akt des Dichtens oder eine Malerei, sofern wir es mit Achtsamkeit tun. Salat pflanzen ist Dichten. Der Besuch im Einkaufszentrum kann eine Malerei sein.«

Ihr Handwerkszeug also, das ich hier empfehlen möchte, ist die Achtsamkeit, und Achtsamkeit ist die grundlegende Praxis des Zen.

Was ist Zen? Diese Frage ist seit Jahrhunderten allen Meistern gestellt worden, und es gibt berühmte Antworten darauf. Als der Mönch Bodhidharma, der das Zen, das damals noch Ch'an hieß, von China nach Japan brachte, vom Kaiser gefragt wurde: »Welches ist die höchste Wahrheit der heiligen Lehre?«, antwortete er: »Offene Weite – nichts Heiliges.« Ein Mönch, der Meister Joshu um Unterweisung bat, wurde gefragt: »Hast du deinen Reisbrei gegessen?« Als er bejahte, sagte Joshu: »Dann wasche deine Schale aus.« Andere Zen-Meister deuteten als Antwort auf den Himmel, stießen Schreie aus oder gaben dem Frager einen kräftigen Hieb mit dem Stock. Die Antwort liegt in keiner dieser Antworten. Alle Antworten – sofern sie von einem wahren Lehrer gegeben werden – sind Hilfsmittel, die zum Erwachen führen. Das Zen ist nicht in Worten zu finden, es wird nur im hellwach gelebten Augenblick erfahren. Der voll gelebte Augenblick *ist* Zen.

Das Zen ist nicht in Worten zu finden, und dennoch sind unzählige Bücher über Zen und Achtsamkeit geschrieben worden (und dieses Buch ist eines davon). Alles, was gesagt werden kann, ist nur ein Hinweis, eine Landkarte, die in die rechte Richtung weist. Gehen müssen wir selbst. Aber wir dürfen uns nicht in die Irre führen lassen: Achtsamkeit hat keinen Inhalt. Sie besteht nicht darin, Geboten zu folgen und ein »moralisches« Leben zu führen – obwohl sie von einer Ethik begleitet wird und ein heilsames Verhalten sich bei ihrem Gebrauch ganz natürlich einzustellen pflegt. Achtsamkeit ist vielmehr reine Energie. Sie erzeugt Wachheit, Klarheit, Scharfsichtigkeit. Wo Achtsamkeit anwesend ist, sehen wir das Unsichtbare, hören wir das Ungesagte, verstehen wir Zusammenhänge auf einen Blick. Achtsamkeit ist der Lichtstrahl, mit dem wir unsere Dunkelheit erhellen; sie ist das Schwert, mit dem wir unsere Verstrickungen durchschneiden.

Deshalb ist Achtsamkeit unser Schutz: Sie zeigt uns, wo sich hinter schönen Worten Lügen verbergen und wem wir trotz unfreundlichen Verhaltens trauen dürfen; in welches Geschehen wir uns mutig begeben sollten und wo wir uns besser zurückziehen; welche Handlungen angemessen sind und welche unangemessen. Achtsamkeit ist aber auch heilende Energie: Wenn wir unsere Schmerzen und Verwirrungen mit Achtsamkeit berühren, findet Heilung statt, ganz von selbst.

Ist Achtsamkeit dasselbe wie Konzentration? Nein, aber Achtsamkeit kann uns zeigen, wann Konzentration eingesetzt werden sollte. Konzentration verengt die Gegebenheiten auf einen Punkt, dem wir uns ausschließlich widmen wollen, während Achtsamkeit so viel an Welt wie nur möglich in ihre Energie einschließen will.

Zen entstand aus den Lehren des Buddha. Der Buddha war kein Gott, sondern ein Mensch wie Sie und ich, mit dem einen entscheidenden Unterschied: Er war »erwacht«, was man auch erleuchtet nennt. Die Dimension dieses Erwachens im historischen Buddha können wir nicht einmal erahnen, und darüber, was die Erfahrung beinhaltete, gibt es zahlreiche Auslegungen. Der gesamte Dharma, die Lehre, ist eine Frucht davon. Für uns ist hier im Moment nur diese Tatsache wichtig: Das Erwachen war das Ergebnis von Buddhas eigener Anstrengung. Die gute Nachricht lautet also: Auch wir können erwachen, wenn wir uns nur auf die rechte Weise bemühen. Eine »rechte Weise«, seit Jahrhunderten bewährt, nennt sich Zen.

Zen ist keine Philosophie und bietet keine Theorie. Zen verlangt von uns, uns mit Haut und Haaren auf die Erfahrung der inneren und äußeren Welt einzulassen. Nur was wir wirklich *erfahren* haben, wird uns und unser Leben verwandeln – in ein Kunstwerk, wenn wir es gelernt haben, mit unserem Handwerkszeug Achtsamkeit klug und genau umzugehen.

Der erste Schritt – auf einer lebenslangen Reise ...

Künstler ist kein Beruf, den man ergreift. Es ist eine Berufung. Ein Ruf ist ergangen – die Instanz, die da ruft, ist zu diesem Zeitpunkt noch unbekannt –, und der künftige Künstler hebt den Kopf und lauscht. Da scheint jemand etwas von ihm zu wollen; er weiß nicht, was dieses Etwas ist, und er hat die unbestimmte Ahnung, dass er dieses Etwas nicht unbedingt selber wählen würde. Fragen sind auf einmal da, wie aus dem Nichts heraus, und er weiß nicht, ob er überhaupt eine Antwort darauf möchte, gefallen ihm doch schon die Fragen nicht. Wird er, wenn er diesem Ruf folgt, Arbeit leisten müssen, lernen, sich anstrengen?

Wird ihn der Weg, den er da gehen soll, von seinen Freunden entfremden? Wird er das, was ihm gerade lieb ist (ihm ist eine ganze Menge lieb, wie er auf einmal erkennt), am Ende vielleicht aufgeben müssen?

Ja, all das kann geschehen.

An diesem Punkt entscheidet sich, ob der Welt ein weiterer Künstler geschenkt wird oder nicht.

Denn den Ruf zu hören genügt nicht, der Mensch muss ihm auch folgen, und dazu muss er sich entschließen. Da ist also etwas Drängendes, dem sich der Mensch kaum entziehen kann. Etwas hat ihn am Ärmel gepackt und zerrt ihn energisch in eine Richtung, die er nur als dunkel und vernebelt bezeichnen kann. Er weigert sich als vernünftiger Mensch, sich freiwillig in Dunkelheit und Nebel zu begeben. Zumindest nicht, ohne vorher einen Kompass, Proviant für mindestens eine Woche, warme Socken und sein Handy eingepackt zu haben.

Joseph Beuys fiel mit vierunddreißig Jahren in eine Krise. Er sah keinen Sinn mehr im Leben und hatte jede Hoffnung verloren. Seine Freunde versuchten, ihm gut zuzureden, aber letztlich war ihre Anwesenheit und das Servieren von drei Mahlzeiten am Tag das Einzige, was sie für ihn tun konnten. Eines Tages, als er kurz vor dem Selbstmord stand, kam »der Durchbruch«. Beuys stieg auf aus der Dunkelheit und erkannte, dass er als Künstler eine Aufgabe hatte. Beuys hat diese Zeit später selbst als schamanistische Krise gedeutet. In den meisten Naturvölkern war und ist der Schamane, wie Mircea Eliade feststellt, »Sänger, Dichter, Musiker, Wahrsager, Priester und Arzt in einem, auch Träger der religiösen Volksüberlieferung und Bewahrer jahrhundertealter Legenden«. Der Ruf kommt in Form von außergewöhnlichen Träumen, Zeichen, einer Krankheit, einem Unfall. Umstände also, die für gewöhnlich als negativ und zu vermeiden gelten. Auch wenn der Ruf weniger drastisch erfolgt, zeigt der Kandidat auffällige Verhaltensweisen. Mircea Eliade schreibt über die jakutischen Schamanen: »Der Kandidat beginnt viel zu meditieren, sucht die Einsamkeit, schläft viel, zeigt sich geistesabwesend, hat prophetische Träume, manchmal auch Anfälle.«

Die schamanistischen Krisen in unserem Leben müssen keine dramatische Initiation darstellen (auch wenn sie das manchmal tun, vor allem dann, wenn wir uns hartnäckig weigern, den Ruf zu hören). Wir fühlen uns vielleicht nur plötzlich und ohne äußeren Anlass unerklärlich lustlos. Im Beruf haben wir keine größeren Probleme, die Kinder sind gesund, die Ehe ist stabil. Aber irgend etwas stimmt nicht, etwas fehlt.

Die Kandidatin (sie weiß noch nicht, dass sie eine ist) kauft ein Rezeptbuch für Torten und stellt dreistöckige Wunder aus Creme und Marzipan her, obwohl sie allein lebt und ihre Freunde sich nichts aus Torten machen. Sie lässt sich die Haare schneiden, belegt einen Judokurs und sitzt mitten in der Nacht im Bett und schreibt ein Gedicht über den Mond. Der Kandidat interessiert sich auf einmal für das Angeln, kauft eine Ausrüstung und hockt tagelang am Fluss, wo es so friedlich ist. Er überlegt, ob er nach Australien auswandern oder lieber ein Haus in Pfaffenweiler bauen soll. Freunde schütteln besorgt den Kopf und mahnen zur Vernunft. Sie wissen ebensowenig wie der Kandidat, dass es gerade die Vernunft ist, die ihn in diesem Zustand gefangen hält.

An diesem Punkt sind die meisten von uns, wenn wir uns dem Zen zuwenden, und es ist ein großartiger Ausgangspunkt. Die deutsche Malerin Gisela Midwer lebte in Kalifornien, als ein Freund ihr zu Weihnachten ein Buch von Huang Po schenkte. Sie war zu jener Zeit in einer Krise und wusste nicht, ob es an ihrer Ehe lag oder an ihrer Kunst. Das Buch von Huang Po schlug ein wie ein Blitz: Hier war jemand, der ihr direkt aus dem Herzen sprach. Kurze Zeit später lud ein anderer Freund sie ein, einen Zen-Meister kennen zu lernen, den er schätzte. Die Malerin

Gisela Midwer ist die spätere Gesshin Prabhasa Dharma Roshi, Gründerin des »International Zen Institute of America«.

Philip Kapleau, ein amerikanischer Geschäftsmann, litt in den fünfziger Jahren unter Schlaflosigkeit, Allergien und Magengeschwüren. Nach Japan ins Kloster ging er vor allem, um seine Krankheiten loszuwerden. Er übte mehrere Jahre unter härtesten Bedingungen, kehrte als *Roshi*, als Meister, nach Amerika zurück und machte sich besonders um die Verbreitung des Zen im Westen verdient.

Wenn unser Leben uns nicht mehr genügt und etwas Substanzielles fehlt, dann kann unser nächster Schritt uns auf eine lebenslange Reise schicken. Uns fällt – seltsamer Zufall! – ein Buch über Zen in die Hände. Wir stolpern – eigentlich hatten wir etwas ganz anderes vor – in einen Vortrag, den ein buddhistischer Mönch hält. Wir hören von Befreiung, sogar von absoluter Befreiung, und vom Ende des Leidens. Genau genommen verstehen wir kein Wort von dem, was da erzählt wird. Aber etwas zieht uns an. Und so gehen wir in ein Meditations-Zentrum, wo wir uns tapfer auf ein Kissen setzen und die Beine in die Lotusposition falten in der Hoffnung, das Zen möge uns geben, was unserem Leben fehlt.

Wenn wir merken, dass das Zen uns überhaupt nichts gibt, sondern etwas nimmt, und zwar vor allem das, woran uns am meisten liegt, ist es schon zu spät. Wir hängen bereits an der Angel. Wir haben unser Handwerkszeug entdeckt.

Es gibt natürlich auch Menschen, die sich jahrzehntelang weigern, den Ruf zu hören. Man erkennt sie an einer stets vorhandenen feingespannten Nervosität. Es ist, als hingen sie an einem unsichtbaren Faden; nie sind sie wirklich anwesend im Gespräch, und mitten in einem Satz unterbrechen sie sich oder den anderen und fangen völlig zusammenhanglos ein Thema an, das alle Anwesenden befremdet. Dies ist ein heikles Stadium im Leben des Kandidaten: Er darf sich glücklich schätzen, wenn er Freunde hat, die zu respektvoll sind, um ihn zur Therapie oder gar in die Psychiatrie zu schicken. Drei Mahlzeiten am Tag sind alles, was er braucht, der künftige »Sänger, Dichter, Musiker, Priester und Arzt«. Und eines weiß er noch gar nicht: Es gibt kein Ziel. Es gibt genau genommen nicht einmal einen Weg. Es gibt nur das Gehen.

Der Ruf kann in so vielen Gestalten kommen wie es Menschen gibt. Vielleicht überfällt er uns mitten auf einem Fest unter scheinbar fröhlichen Menschen; eine Schwingung erreicht unser Ohr, hebt uns auf eine andere Frequenz, und auf einmal sehen wir bestürzt, dass diese Menschen im Grunde traurig sind und ihre Fröhlichkeit nur spielen. Die Sehnsucht nach wahrer Freude steigt in uns auf, und wir verlassen wie schuldig gewordene Gäste, die aus Versehen eingeladen wurden, durch den Hintereingang das Haus.

Oder uns begegnet die Liebe. Verliebtheit ist noch Spiel, Liebe aber ein großer Ruf. Der Geliebte scheint ein Bote zu sein aus einer anderen Welt; dort ist die Luft reiner als in unserer, das Licht ist heller, die Sonne wärmer. Eine Sehnsucht steigt in uns auf, teilzuhaben an dieser Welt, und in unserer Unwissenheit – schließlich sind wir noch völlig geblendet von dem unvertrauten Licht – verwechseln wir den Geliebten mit dem Ruf. Wie diese Geschichte ausgeht, ist allgemein bekannt. Man nennt es Desillusionierung. Es ist nicht unbedingt die Schuld des Geliebten, wenn sich die Sehnsucht nicht erfüllt. Es liegt zumeist an unserer Unfähigkeit, die Antwort auf den Ruf zu geben.

Sehnsucht ist schmerzhaft, und wenn wir Schmerz spüren, bleiben wir nicht ruhig sitzen. Wir haben den Drang, die schmerzende Stelle zu berühren. Wir legen die Hand auf den Kopf, strecken das Knie, schütteln das Handgelenk aus. Wenn Sehnsucht uns überfällt, springen wir auf und laufen im Zimmer vom Fenster zur Wand oder wandern zehn Kilometer. Wir rufen unsere

Freunde an, um etwas mit ihnen zu teilen, was wir selbst nicht begreifen, und deshalb finden wir keine Worte dafür. Wir können von Glück sagen, wenn wir bei ihnen auf kein Verständnis stoßen. Vielleicht gehen wir daraufhin in einen Laden und kaufen Farben, holen die Geige aus dem Keller oder komponieren ein Lied. Sehnsucht will nicht verstanden werden.

Sehnsucht verlangt nach Ausdruck.

Thich Nhât Hanh notierte im Alter von sechsunddreißig Jahren in sein Tagebuch: »Wenn du jemals zu genau dem Zeitpunkt, da die Sonne die Erde lähmt, aus einem kurzen Schlaf erwachst, hörst du den Ruf. Ich habe ihn schon Hunderte von Malen vernommen, und jedes Mal erzittert mein Herz. Kaum wach geworden, überflutet das Meer meines unbewussten Geistes mein ganzes Sein. Ich höre, wie das Universum mich nach Hause ruft, und mein ganzer Körper gibt Antwort.«

Antwort zu geben ist unsere Aufgabe. Wir können gar nicht anders: Wenn ein Ruf uns erreicht, eine Sehnsucht uns überfällt, können wir nicht ruhig sitzen bleiben. Die Antwort kann in einem Bild bestehen, einem Tanz oder einer Melodienfolge, ungeschickt zusammengesucht auf dem Klavier. Sie kann auch darin bestehen, einen Rosenstock zu setzen, ein Dessert zu erfinden, ein Kind in die Arme zu nehmen. Die Instanz, die uns ruft, umfasst ohne Unterschied die ganze Welt mit all ihren Erscheinungen. Sie hat es nicht nötig, zu werten – warum sollten wir es tun? Die Art, in der wir antworten, bleibt ganz und gar uns überlassen. Wichtig ist nur, *dass* wir eine Antwort geben – und dass wir begreifen, was wir da tun.

Dem Ausdruck zu geben, was nicht gesagt werden kann, ist die Aufgabe des Künstlers.

Er wird es, wenn er ein großer Künstler ist, eines Tages so mühelos tun wie die Rose am Spalier, die Biene im Bienenstock, der Wind im Apfelbaum. Er wird es mit Hilfe von Farben, Worten, Tönen tun oder mit seinem ganzen Sein, seinem Körper und seinem Leben: Zeugnis geben von dem, was nicht sichtbar ist, aber durch ihn eine Botschaft schickt. Dann wird er dem Ruf des Universums gefolgt sein. Dann wird sein Herz zu Hause sein.

Aber bis dahin ist es für die meisten von uns ein langer Weg, und er führt, weil wir Menschen sind, über das Lernen und das Erkennen. Wir müssen ganz und gar und ohne Einschränkung zum Schüler werden, bevor wir eine Meisterin, ein Meister des Lebens sein können – ein Mensch, der fähig ist, auf den Ruf eine schöpferische Antwort zu geben. Dann werden wir so anmutig und mühelos durchs Leben gehen wie der Wind, die Wolken und der Vogel: nicht unbewusst wie die Natur, sondern als vollbewusste Menschen.

Die Frage

Sei still.
Horch auf die Steine der Wand.
Sei still, sie versuchen
deinen Namen
zu sagen.
Horch
auf die lebenden Wände.
Wer bist du?
Wer
bist du? Wessen
Schweigen bist du?

Thomas Merton

Wer bin ich?

Die Lyrikerin Hilde Domin erfuhr vom Tod ihrer Mutter, als sie, die aus dem Nazi-Deutschland geflohene Jüdin, in Santo Domingo im Exil lebte. Der Tod ist ein großer Ruf, noch größer als die Liebe. Der Tod im Leben von Hilde Domin rief sie »heim ins Wort«. Sie schrieb ein Gedicht.

Niemand war überraschter als die Autorin selbst: »Ich hatte mir nichts vorgenommen, es passierte, wie wenn einer überfallen wird. Oder wie Liebe. Man handelt nicht, es passiert.«

Ein Künstler stolpert oft in seine Kunst hinein, ohne Vorwarnung. Plötzlich steht ein Lied auf dem Notenpapier, die Farben fügen sich auf stimmige Weise zueinander, ein Gedicht ist da. Der Künstler ist erschrocken. Es ist ein freudiger Schreck, aber nach der Freude kommt sofort der Zweifel. Ist es *wirklich* ein Gedicht?, fragt die Autorin. Die Malerin meint nun doch, dass dieses Blau neben dem Grün nicht überzeugend ist. Tief im Künstler gibt es eine Instanz, die *weiß*, dass dies ein Kunstwerk ist. Die Instanz hat sich aber noch kein Hausrecht in seinem Leben erworben; sie lebt noch im Keller des Bewusstseins, wo wir alle unsere Weisheit einzusperren pflegen. Denn die Weisheit und die Konventionen der Welt vertragen sich nicht immer gut.

Der Künstler also zweifelt, schließt die Kellertür sorgfältig zweimal ab und sucht sich eine anerkannte Instanz in Form einer Autorität.

Tief innen wissen wir genau, was unser Leben braucht und wie es sich anfühlen muss, wenn es ein Kunstwerk genannt werden darf. Wir wissen, wir brauchen Frieden, Stabilität und Heiterkeit; wir brauchen Gelassenheit und Geduld, Freundlichkeit, Freude, Mitgefühl und Leidenschaft. Und – wenn das nicht zu unbescheiden ist – die überströmende Liebe und die absolute Freiheit von allem, was uns daran hindert, die Aufgaben zu erfüllen, die das Leben uns stellt. Wir wissen um diese Dinge, weil uns das Leben hin und wieder für einen Augenblick mit einem Vorgeschmack auf diesen Zustand beschenkt. Wir sind freudig erschreckt: Bin das wirklich ich?, fragen wir. Bin ich wirklich fähig, so strahlend und großzügig zu sein, so liebevoll und mitfühlend, so weise und unbekümmert um mein eigenes Wohl?

Die Antwort ist: Ja.

Das alles sind wir bereits, tief in unserem wahren Wesen, in unserer »eingeborenen Natur«, der »Buddhanatur«. Wir *sind* dies bereits, nur wissen wir es nicht. Und wenn uns ein Einblick geschenkt wird, trauen wir ihm nicht. Wir verschließen die Kellertür und suchen uns einen Lehrer.

Und das ist völlig in Ordnung so. Das ist der Weg, den die meisten von uns beschreiten müssen, wenn sie keine spirituellen Genies sind. Denn die plötzlichen Durchbrüche von Erkenntnis, Licht, Freiheit und Freude, die wir alle erleben können und immer wieder erleben werden, müssen ins eigene Sein integriert, geradezu »inkorporiert« werden, um dauerhafte Transformation zu bewirken.

Als junges Mädchen schrieb ich Gedichte. Eines Tages nahm ich meinen ganzen Mut zusammen und schickte eine Auswahl davon an Hilde Domin. Eine Autorin, die von ihren eigenen Anfängen sprach, schien mir vertrauenswürdig zu sein. Sie antwortete postwendend und lud mich zu sich nach Heidelberg ein. Ich saß in ihrem Wohnzimmer, wurde gedrängt, doch mehr von den Petits Fours zu nehmen, brachte keinen Bissen hinunter und wartete bebend auf das Urteil, das, wie ich meinte, über mein künftiges Leben entscheiden würde. (Bin ich wirklich eine Dichterin?)

Sie sagte vier schlichte Sätze. »Sie haben alles Wissen und Können, das eine Dichterin braucht. Ich kann nichts für Sie tun. Schreiben Sie! Und hören Sie nie wieder auf!«

Ich war enttäuscht. Ich hatte mehr erwartet. Endloses Feilen an einem Wort, notfalls Kritik (»Ein Dichter würde das *so* nicht sagen …«) oder vielleicht doch eine Erklärung, *was* mir da gelungen war und *warum*. Heute sehe ich, dass dies die Sätze einer Zen-Meisterin waren. Ein Lehrer kann nichts für uns tun. Anfangen, täglich aufs Neue anfangen, üben und immer wieder üben müssen wir selbst. Wir haben bereits alles, was wir dafür brauchen. Aber eins kann der Lehrer tun, und dafür benötigen wir ihn: Er oder sie kann uns ermutigen – uns in der Arbeit halten und uns, mit seiner ganzen in der Übung erworbenen

Kraft und mit dem Zeugnis seines eigenen Lebens, zurufen: »Hören Sie nie wieder auf!«

Da ist also ein Ruf an uns ergangen; wir haben ihn gehört und nicht verstanden, wir sind unruhig und in einer Art gespannter Erwartungsbereitschaft. Wir leben, ob wir das wissen oder nicht, in einer Frage. Das ist ein großartiger Zustand, vielleicht der beste, den es gibt. In einer Frage zu leben heißt: Hinter der nächsten Ecke könnte das Wunder uns überraschen, die Erfüllung unseres größten Traums – oder es könnte ein Dachziegel fallen, direkt auf unseren Kopf. Wir wissen nicht, ob wir das mögen werden, was da auf uns wartet, aber nie sind wir mehr bereit, es zu empfangen. Uns bleibt gar nichts anderes übrig, denn eine Frage kann man nicht ungeschehen machen, sie ist nun einmal da. Wenn wir in einer Frage leben, verändert sich der Brennpunkt unserer Aufmerksamkeit. Wir sehen die Dinge daraufhin an, ob sie nicht schon die Antwort sind. Das macht unseren Blick genauer, die Wahrnehmung schärfer, das Bewusstsein wacher.

Und was wäre solch eine Frage? Manchmal ist sie ganz konkret: »Was soll ich tun?«, wäre eine davon. »Wie geht es weiter mit mir?«, ist eine andere oder, die klassische Frage des Zen, die wir allerdings in ihrer ganzen Tiefe noch nicht begreifen: »Wer bin ich?« Meistens aber ist die Frage eher ein Gefühl; sie steckt in unserer Rastlosigkeit, der Sprunghaftigkeit, den seltsamen neuen Vorlieben. Ruf und Frage gehen oft unmerklich ineinander über, und während der Kandidat noch angelnd am Flussufer sitzt, bereitet sich die Frage darauf vor, leicht wie eine Blase in sein Bewusstsein zu steigen. »Was tue ich da?«, fragt er sich angesichts des um sein Leben kämpfenden Fischs. Und rollt seine Schnur ein, nimmt seinen Eimer und geht nach Haus.

Wenn wir in einer Frage leben, stellen sich unsere Werte auf den Kopf. Was uns als richtig erschien, ist auf einmal falsch; das scheinbar Falsche scheint tiefe Wahrheit zu enthalten. Dies ist ein

Augenblick großer Unsicherheit und Verletzlichkeit. Der Boden unter unseren Füßen scheint zu wanken und wir zögern, überhaupt noch einen Schritt zu tun. Wenn wir uns jetzt nicht in die alten Antworten flüchten – was an diesem Punkt schon sehr viel Kraft erfordern dürfte –, können wir eine Entdeckung machen: Wir sind nicht allein. In uns gibt es eine Instanz, die uns ermuntert und begleitet, und es liegt nur an uns, ihr vertrauensvoll zu folgen.

Diese Instanz wird häufig »Buddhanatur« genannt, unser »wahres Wesen« oder »wahres Sein«, das seit jeher erleuchtet ist – ob wir das wissen oder nicht. Die Buddhanatur hat, wie es der tibetische Meister Sogyal Rinpoche ausdrückt, einen aktiven Aspekt, den »inneren Meister«, die »innere Meisterin«, die unablässig an uns arbeite, um uns zur strahlenden Weite unseres wahren Seins zurückzuführen.

Die Menschen, deren Fragestellung tief und ernsthaft ist, werden von ihrer inneren Meisterin, die wir vielleicht auch »Intuition« nennen könnten, zu einem Lehrer geführt. Gisela Midwer war überrascht, als sich die Einladung bei dem unbekannten Roshi nicht als Teestunde erwies. Sie wurde im Handumdrehen auf ein Kissen gesetzt, man faltete ihr die Beine in die vorgeschriebene Position, und da sie ein Strickkostüm mit ziemlich kurzem Rock trug, musste sie mit peinlich entblößten Oberschenkeln ausharren. Sie hatte Zen für eine Philosophie gehalten, und es erwies sich als eine Praxis! Der Roshi war Joshu Kyozan Sasaki und wurde ihr erster Lehrer. Ohne ihn, meinte sie später, wäre sie nicht geworden, was sie war.

Ein Lehrer wirkt durch sein Sein

Jeder Künstler steht auf den Schultern eines anderen Künstlers. Die Kunst- und Literaturgeschichte ist voll von Korrespondenzen und Dialogen des einen Künstlers mit dem anderen. Denn ein Kunstwerk bedarf der Befruchtung, und nichts ist anregender für einen Künstler als das Werk eines anderen Künstlers.

Jeder Zen-Lehrer, jede Lehrerin war einmal Schüler eines anderen Lehrers. Bassui, ein bekannter Zen-Meister aus dem 14. Jahrhundert, lernte eine Zeit lang bei Koho Kakumyo, dessen Lehrer beim dritten Patriarchen der japanischen Soto-Schule studiert hatte, welcher wiederum in der Linie von Bodhidharma stand, dem berühmten Mönch, der das chinesische Ch'an nach Japan brachte, wo es zum Zen wurde. Somit stand Bassui in der Nachfolge von Bodhidharma.

Das alles sollten wir wissen, wenn wir begreifen wollen, was es heißt, Schüler zu sein.

Wir haben uns also aufgemacht, unser Leben zu verbessern, vielleicht sogar uns selbst. Wir haben beschlossen, gesünder zu leben und unserem Dasein einen Sinn zu geben. Wir fühlen uns etwas einsam und hoffen (obwohl wir das niemals zugeben würden), in der neuen Umgebung Freunde zu finden. Wir haben über Erleuchtung gelesen und wollen auch so etwas erleben; wir haben von Befreiung gehört, und das hat uns sehr angesprochen. Wir möchten etwas haben und etwas anderes loswerden, dies und das ein bisschen verändern und den großen Rest, mit dem wir irgendwie zufrieden sind, auf keinen Fall in Frage stellen.

Aber was wir bekommen, ist ein Lehrer.

Ich war dreißig Jahre alt, als ich begriff, was ein Lehrer ist. Der Lehrer, der mir begegnete – er wollte gar keiner sein und nahm nie einen Schüler an –, war Jiddu Krishnamurti. Ich saß im Berner Oberland in einem riesigen Zelt zwischen Hunderten von

Menschen irgendwo in der zwanzigsten Reihe, als die Bühne ein achtzigjähriger Inder in einem blauen Hemd betrat.

Ein Lehrer ist der Stock, mit dem wir geschlagen werden, um zu erwachen. Ich erwachte aus einem langen Schlaf. Ich sah zum ersten Mal einen völlig freien Menschen. Er war frei *von* etwas: frei von Eitelkeit, Ehrgeiz und dem Wunsch, Macht auszuüben und sich darzustellen. Und deshalb war er frei *zu* etwas: frei, all diese unbequemen Gedanken auszusprechen; frei, für die Menschen ein Spiegel zu sein, in denen sie ihre Lügen, Ausflüchte und Bequemlichkeiten sehen konnten. Er sprach aus, was ich schon immer gefühlt, zu sagen mich aber nicht getraut hatte. Auf der Bühne saß ein kristallklarer Mensch. Er saß auf einem Küchenstuhl, beugte den Oberkörper vor, umklammerte den Sitz und flüsterte mit unerträglicher Intensität: *Wake up! Please, wake up!* Völlig unbekümmert um Wirkung. Völlig gleichgültig gegenüber jeder Konvention. Ohne ein einziges Blatt Papier in den Händen, ohne Pult, ohne Assistent. Nur er, das Mikrofon, das Podest in einem kargen Zelt und die Hitze eines Sommertages. Ich wusste sofort, dass ich so sein wollte wie er. Denn wenn es *ihm* möglich war, dann war es jedem von uns möglich: absolut frei zu sein.

Ein Lehrer fordert uns heraus. Er durchschaut uns, aber was wichtiger ist: Er erschafft die Bedingungen dafür, dass wir uns selbst durchschauen. Ein Lehrer wirkt durch sein Sein. Er hat sich selbst einer lebenslangen Übung verpflichtet, die Übung hat ihn zurechtgeschliffen; er ist poliert, geglättet und wieder aufgeraut worden, und dann kam der Moment, in dem er transparent wurde. Durch seine Haut schimmert nun das Sein. Das *Leben* selbst, in persönlicher Ausprägung. Die unwiederholbare Variante des Absoluten. So einmalig wie in jedem von uns.

Ein Lehrer braucht keine Worte. Das *Leben* spricht sich durch ihn aus, in jedem einzelnen Augenblick. Es leuchtet auf in der

Art, wie der Lehrer eine Tasse Tee hält, eine Tür öffnet, einen Schüler begrüßt. Ein Mensch, durch den das *Leben* ungehindert fließt, strahlt Frieden, Gelassenheit und Freude aus; seine Bewegungen sind präzise, sein Geist ist wach, und bei all seinen Verrichtungen wirkt er völlig natürlich und entspannt. Als Lung T'an sich eines Tages bei seinem Meister T'ien Huang beschwerte, er habe ihn noch immer nicht in die Geheimnisse des Zen eingeweiht, antwortete dieser: »Ich habe dir immer die Geheimnisse des Zen weitergegeben, vom Tag deines Eintritts ins Kloster an. Wenn du mir mein Essen bringst, bedanke ich mich bei dir; wenn du dich vor mir verbeugst, neige auch ich den Kopf. Wie kannst du sagen, ich hätte dir nicht das Wesen des Zen beigebracht.«

Als ich das erste Mal ein *sesshin*, die traditionelle einwöchige Meditationsklausur, bei Nagaya Roshi besuchte, traf ich ihn eines Nachts im Flur. Es war nach der letzten Sitzperiode, die anderen waren schon schlafen gegangen. Roshi betrachtete eine Topfpflanze, die auf dem Fensterbrett stand. Behutsam hielt er eine unscheinbare kleine Blüte in der offenen Hand und neigte sich darüber, als wäre es eine Kostbarkeit. Als er mich sah, lächelte er und deutete auf die Blüte. Ein kalter Klosterflur im Neonlicht, der Geruch nach Kohl, draußen der Winterwind, ein kleiner alter Mann in einem schwarzen Kimono und eine winzige rosa Blüte. Und ich sah, dass dieser Augenblick das *Leben* war. Vollkommen, nicht zu verbessern. Ein Wunder.

Das Zen kann nicht durch Worte übermittelt werden. Dennoch benutzt auch ein Lehrer das Wort, aber nicht im herkömmlichen Sinn. Lehrhinweise im Zen sind fein und leicht zu überhören. Ein Lehrer macht vielleicht ganz nebenbei eine Bemerkung, sagen wir, über das Wetter. Vielleicht geht es um die Zusammensetzung der Speisen, oder im *zendo*, dem Meditationsraum, wird ganz allgemein über Disziplin gesprochen. Lassen Sie sich nicht täuschen! Ein Lehrer plaudert nicht. In seinen Sätzen verbirgt sich die Lehre, und seine Hinweise meinen möglicherweise gerade Sie. Wer lange mit einem Lehrer geübt hat, lernt, das Ungesagte zu hören. Es ist immer ein guter Rat, das Gesagte zunächst auf sich selbst zu beziehen. Auch wenn wir nicht gemeint sein sollten: Wir lernen auf jeden Fall etwas. Ein gutes Training für die Sprache des Zen ist es, Poesie zu lesen. Auch Gedichte bestehen aus Worten, aber die Worte sind Ziegelsteine, aus denen der Dichter sein Haus baut. *Wohnen* können wir nur in dem Raum, der auf diese Weise geschaffen wird.

Nur wenige Menschen haben das Glück, einem großen Lehrer zu begegnen. Die meisten müssen sich mit kleineren Lehrern begnügen, aber das ist kein Problem: Wir werden früher oder später entdecken, dass wir von jedem Menschen lernen können. Und wenn wir eine Weile geübt haben, werden wir sogar von unserer Katze, dem Kirschbaum, dem Wind und dem Regen lernen. Zen-Schüler erzählen mir ausnahmslos, dass jeder Lehrer und jede Lehrerin, die ihnen auf ihrem Weg begegnet sind, an jenem bestimmten Punkt wichtig war. Dennoch müssen wir aufpassen, in dieser Frage nicht in eine Falle zu gehen.

Wir leben heute im Westen in der Zeit des Esoterik-Booms, und es gibt leider Menschen, die nach dem Besuch eines einzigen Kurses zu lehren anfangen. Zen hat nichts zu tun mit jenen süßlichen und vernebelnden Angeboten, die häufig unter dem Stichwort »Esoterik« verkauft werden. Das Zen fordert uns im Gegenteil dazu auf, wach und klar zu sein, um die Täuschungen der Welt durchschauen und unsere eigenen Entscheidungen treffen zu können. Andererseits suchen wir uns ja gerade deshalb einen Lehrer, weil wir noch nicht so wach und klar sind, wie wir sein könnten. Wie lösen wir dieses Dilemma?

Ich habe einmal verfolgt, wie ein Freund von mir, der heute ein guter abstrakter Maler ist, einen Lehrer suchte. Er besorgte sich die Namen der Professoren sämtlicher Kunsthochschulen und studierte ihre Werke. Dann wählte er seinen Favoriten; es war ein, wie ich fand, ziemlich konservativer Maler der figürlichen Schule. Aber du malst doch seit Jahren abstrakt, wandte ich ein. Ja, sagte mein Freund, aber ich möchte herausfinden, wie er dieses fabelhafte Licht in seine Bilder bringt.

Denken wir daran: Das Kunstwerk, um das es uns geht, sind wir selbst mit unserem eigenen Leben. Es gibt ein Kriterium für einen guten Lehrer, wie berühmt oder unbekannt er auch sein mag. Schauen Sie ihn sich an mit der Frage: Lebt er das, was er lehrt? (Ist sein Leben ein Kunstwerk?) Lassen Sie sich Zeit, prüfen Sie mit ruhigem Herzen, aus Ihrer inneren Stille heraus und ohne zu urteilen. Wie zündet dieser Mensch die Kerze an? Wie spricht er mit seinen Schülern? Kommen seine Worte aus seiner Tiefe, zeigen sie Spuren von Eitelkeit, will er Ihnen seine Meinungen verkaufen? Wie bindet er seine Schuhe zu, wie geht er, isst er? Spüren Sie in sich hinein: Wie fühlen Sie sich in seiner Gegenwart? Haben Sie das Gefühl, eingetreten zu sein in einen weiten Raum, in dem Sie Ihre eigenen Entdeckungen machen können? Oder haben Sie den unbestimmten Eindruck, von einer zwingenden Energie überlagert zu werden und nicht mehr Sie selbst zu sein?

Jeder Künstler muss seinen Lehrer eines Tages verlassen, wenn seine Kunst wirklich eigenständig werden soll. Zwischen einer Kopie und einem Kunstwerk liegt ein himmelweiter Unterschied. Jeder Zen-Lehrer – und gerade der beste – muss eines Tages von uns verlassen werden, wenn wir den Zen-Weg in Wahrhaftigkeit gehen. Nicht, weil wir den Lehrer nicht schätzen würden, sondern weil unsere Wertschätzung für ihn darin besteht, seine oder ihre Einmaligkeit nicht zu kopieren.

Die wichtigste Frage, die Sie sich stellen sollten, ist deshalb: Ist dieser Lehrer fähig und bereit, seine Schüler selbst zu Lehrern zu machen? Entlässt er sie freudig, wenn es für sie an der Zeit ist, den

Weg allein oder mit einem anderen Lehrer weiterzugehen? Oder ist er umgeben von Schülern, die sich seit Jahren und Jahrzehnten in seinem Dunstkreis bewegen in quälender Abhängigkeit, unfähig, einen eigenständigen Schritt ohne seine Anweisung zu tun? Auf welche Weise hält dieser Lehrer seine Schüler? Wie ist, falls er ein Mann ist, sein Verhalten Frauen gegenüber? Respektiert er ihre Andersartigkeit, betrachtet er sie als gleichgestellt oder fühlen Sie sich als Frau von ihm auf der sexuellen Ebene angesprochen, auch wenn dies noch so subtil (und angenehm) sein mag? Zen zielt auf vollständige Befreiung. Wo Abhängigkeit und Machtspiele geduldet werden, ist kein Zen.

Es gibt Lehrer, die gerne sprechen, und andere, die lieber schweigen. Es gibt liebenswürdige und kurz angebundene Lehrer, gütige, strenge, kühle, warmherzige, bedächtige und ungeduldige Lehrer. Der Ungeduld kann durchaus mangelnde Praxis zu Grunde liegen – sie kann aber auch von Mitgefühl getragen und der Stock sein, der den Schüler aufweckt. Güte kann aus tiefem Mitempfinden entstehen – es kann sich aber auch um Schwäche handeln, in der sich Sucht nach Anerkennung verbirgt. Wir werden nicht von Anfang an die unbewussten Motivationen des Lehrers durchschauen, und auch ein Lehrer mit Schwächen (kein Lehrer ist perfekt!) kann uns wichtige Hinweise geben. Wir sollten uns auch davor hüten, unsere klare Wahrnehmung von Schwächen in Kritik zu verwandeln. Einem Menschen, sei er Lehrer oder nicht, Respekt entgegenzubringen ungeachtet seiner Unzulänglichkeiten, ist eine tiefe und wertvolle Übung. Die respektvolle Haltung kommt in erster Linie uns selbst zugute: Wir verbeugen uns innerlich vor der Buddhanatur des anderen, die vielleicht verdunkelt, aber dennoch immer vorhanden ist. Das erschafft Herzensweite und innere Freiheit.

Ein guter Lehrer wird Ihnen also keine Predigt halten, sondern mit seinem eigenen Leben für seine Lehre einstehen, wie bescheiden oder großartig sie auch sein mag. Vertrauen ist das wichtigste Band zwischen Lehrer und Schüler. Wie können Sie einem Lehrer vertrauen, der von Ihnen etwas verlangt, das er selbst zu leisten nicht bereit ist?

Aber wenn Sie einem authentischen Lehrer begegnet sind, dann sollten Sie mit aller Kraft herausfinden, wie er das fabelhafte Licht in sein Leben bringt.

Die Übung

Um Kunst erschaffen zu können, muss der Künstler seine Mittel beherrschen. Das erste Bild, die erste gelungene Kurzgeschichte sind nur Aufleuchtungen einer Verheißung. Das erste Kunstwerk ist zumeist ein »Wurf« – wir wissen nicht, wie es zustande kam, können deshalb kein neues erschaffen und sind frustriert. Durch einen Vorfrühlingstag ist auf einmal ein Duft von Rosen gezogen; er erinnert uns an das Blühen, an Fruchtbarkeit, Üppigkeit und Reichtum, aber noch ist der Winter nicht vorbei. Ein Künstler muss, wenn er kein Genie ist, üben, immer wieder üben. Künftige Pianistinnen spielen jeden Morgen geduldig ihre Tonleitern, künftige Tänzer machen ihre Körper geschmeidig, künftige Maler schulen Hand und Blick beim Aktzeichnen.

Unsere Übung besteht darin, zu atmen, zu sitzen und zu gehen.

Zazen, das Sitzen in Stille, ist die Basis unserer Praxis. Zen-Schüler sitzen auf Kissen, *zafu* genannt. Das tun sie nicht deshalb, weil sie blindlings asiatische Gepflogenheiten übernehmen, sondern weil der Halblotus- oder Lotussitz ein entspanntes und doch stabiles Ruhen ermöglicht. Der Halblotussitz ist auch westlichen Menschen möglich. Sie legen den linken Fuß auf den rechten Oberschenkel oder den rechten Fuß auf den linken Oberschenkel. Die Knie liegen auf dem Boden. Falls Ihre Anatomie das nicht zulässt, experimentieren Sie mit der Sitzhöhe. Nehmen Sie zwei Kissen, erhöhen Sie Ihr Kissen hinten mit einer zusammengerollten Decke oder probieren Sie ein Bänkchen aus.

Ihre Schultern lassen Sie entspannt fallen, die Hände ruhen auf den Oberschenkeln und bilden vor dem Unterbauch ein Dreieck: Die linke Hand liegt auf der rechten, und die Daumen sind zu einem kleinen Dach zusammengelegt, so leicht, dass, wie die alten Meister sagten, »ein Blatt Seidenpapier gerade noch festgehalten wird«. Den Blick legen Sie etwa einen Meter vor sich auf den Boden, wodurch sich Ihre Augen halb schließen. Und dann stellen Sie sich vor, an Ihrem Scheitelpunkt hinge ein feiner Faden, und an dem Faden zöge jemand, der irgendwo hoch oben sitzt. Jetzt richtet sich Ihr Rückgrat auf, der Rücken steht gerade über den Sitzhöckern, und die Knie sind fest verankert auf dem Boden. Diese Haltung ist das Symbol für unser Menschsein: Wir sind ausgespannt zwischen Himmel und Erde, und dort, in der Mitte aller Dinge, ist unser Platz und unsere Aufgabe.

Lassen Sie Ihren Atem ruhig fließen, in Ihrem eigenen Rhythmus. Ein ... Aus ... Ein ... Aus ... Sie können, um sich zu konzentrieren, am Anfang den Atem zählen: Beim Einatmen zählen Sie, sagen wir, bis drei, beim Ausatmen bis fünf. Forcieren Sie nichts. Es gibt nicht den einzig richtigen Atem, es gibt nur *Ihren* Atem. Der Atem ist immer bei Ihnen, wenn er geht, sind Sie tot. Deshalb kann er Ihr bester Freund werden, Sie müssen sich nur die Mühe machen, ihn kennen zu lernen. Sie werden im Lauf der Zeit an seinem Rhythmus und seiner Tiefe viel über Ihren Zustand ablesen. Sie können Ihren Atem über sich selbst befragen, und er wird Ihnen Antwort geben. Aus all diesen Gründen ist es unsere grundlegende Übung, immer wieder zum Atem zurückzukehren, wenn wir uns in Gedanken, Gefühlen oder äußeren Aktivitäten zu verlieren drohen.

Aber auch das stimmt: Sie müssen nicht auf dem Kissen sitzen, um *zazen* zu praktizieren. Sie können es ebenso gut auf einem Stuhl tun oder im Liegen, und wenn Sie weiter fortgeschritten sind, wird es Ihnen ein Leichtes sein, *zazen* im Bus abends um fünf auf der Fahrt nach Hause oder im Wartezimmer des Zahnarztes zu praktizieren. Was die Überlieferung uns empfiehlt, ist das seit zweitausendsechshundert Jahren Bewährte. Die Chancen stehen gut, dass es sich auch bei Ihnen bewährt, also probieren Sie es aus. Aber wenn Ihnen die Lotusposition nicht möglich sein sollte, lassen Sie sich einen guten Sitz auf einem Stuhl zeigen. Es geht bei dieser Praxis immer um uns selbst und unsere Fähigkeit, intelligent mit ihr umzugehen. Der Weg ist nicht leicht, und wenn wir uns schon in den einfachen Fragen wie der unserer Sitzposition Zwänge auferlegen, werden wir nicht lange durchhalten.

Es ist gut, sich am Anfang der Übung einer kompetent geleiteten Meditationsgruppe anzuschließen, aber ebenso wichtig ist die tägliche Übung zu Hause. Wählen Sie einen Platz, an dem Sie ungestört sind, und einen Zeitpunkt, vielleicht vor dem Frühstück, den Sie, egal was kommen mag, für Ihr Sitzen reservieren. Beginnen Sie mit zehn Minuten täglich und steigern Sie sich allmählich auf zwanzig, dreißig oder vierzig. Es ist besser, eine kurze Zeitspanne regelmäßig zu sitzen als hin und wieder eine Stunde.

Wir sprechen im Zen davon, dass jede Tätigkeit, auch die profanste, Zen enthält oder nicht. Enthält Ihr Atmen, Gehen und Sitzen Zen – oder, mit anderen Worten, sind Sie wirklich achtsam dabei? Sind Sie sich ganz und gar der Tatsache bewusst, dass Sie atmen? Spüren Sie, wie Ihr Atem am Eingang Ihrer Nasenlöcher entlangstreicht, durch die Nasenhöhle zieht, das Gaumenzäpfchen streift wie ein feiner kühler Wind, hinunter durch die Luftröhre fließt, wie das Zwerchfell sich weitet, der Bauch sich mit Luft füllt? Wenn Sie gehen: Setzen Sie die Ferse auf den Boden, spüren Sie seine Beschaffenheit – ist er rau oder weich, steinig, wollig, eben, uneben –, was empfindet Ihre Ferse bei der Berührung mit ihm, und rollen Sie den Fuß von der Ferse her bewusst über seine Wölbung und den Ballen bis zu den Zehen ab? Wenn Sie sitzen: Spüren Sie die Sitzhöcker auf dem Kissen, den Kontakt der Knie auf dem Boden, den Zustand Ihrer Schultern, das leise Heben und Senken des Unterbauchs?

Der erste Sitzabend in einem *zendo* kann für Sie zu einer Offenbarung werden.

Mit dem Schließen der Tür haben Sie Ihren Alltag hinter sich gelassen. Sobald die Glocke erklingt, gibt es für Sie nichts anderes zu tun, als Ihrem Atem zu folgen und *zu sein.* Völlig präsent und entspannt. Es gibt nur den Gesang eines Vogels vor dem offenen Fenster, die Atemzüge des Menschen neben Ihnen und, weit entfernt in einem Leben, in das Sie auf einmal nicht mehr gehören, das Brausen der Stadt. Wenn Sie in diesem Augenblick begreifen, dass es keinen Ort gibt außer diesem, an dem Sie zu sein haben, nichts, was Sie zu erledigen hätten, und keine Notwendigkeit, sich irgendwo anders hinzubegeben – dann haben Sie, wie der plötzliche Duft nach Rosen an einem Frühlingstag, eine Vorahnung bekommen von dem, was diese Übung Ihnen schenken wird. Dann sind Sie, wenn auch nur für eine Sekunde, angekommen.

Mit »Ankommen« meine ich nicht die Ankunft an einem geografischen Ort, in dem Meditationsraum irgendwo in einer Seitenstraße Ihrer Stadt. Gemeint ist das Ankommen im gegenwärtigen Augenblick, dem einzigen Ort, den es für uns gibt. Wenn Sie den Gesang des Vogels und das ferne Brausen der Stadt voll bewusst wahrnehmen, sind Sie angekommen. Und wenn Ihr Nachbar zu husten anfängt und das Husten sich in Ihre Stille senkt wie ein Stein in Wasser und spurlos versinkt: dann sind Sie angekommen. Und wenn Sie nach zwei Stunden aus dem Schweigen auf die abendliche Straße treten, das Licht der Neonreklamen in der Pfütze gespiegelt sehen und die Musik aus einer Kneipe hören: dann sind Sie angekommen. Sie sehen, ohne jeden Zweifel und mit ungeheurer Freude, dass alles, so wie es ist, vollkommen ist und ein Wunder.

Das ist der Duft der Rose, die noch eine Knospe ist. Wenn Sie jetzt weiter üben, stetig, mutig und voller Vertrauen, wird sich die Knospe öffnen, wenn es an der Zeit ist. Nicht eine Minute früher, aber ganz bestimmt auch nicht später.

Der innere Lärm

Wir haben uns nach Stille gesehnt, wir genießen die ästhetische Leere des Meditationsraums; endlich haben wir die Möglichkeit, den Tagesstress abzulegen. Wir sitzen stabil, fühlen uns wider Erwarten auf dem Kissen wohl, spüren unseren Atem, die Glocke ertönt und verklingt.

Und dann wird es laut.

Ich sagte, der erste Abend in einem *zendo* könne eine Offenbarung sein. Für die meisten Menschen besteht die Offenbarung allerdings darin, dass sie zum ersten Mal mit ihrem inneren Lärm konfrontiert werden. Den Lärm machen unsere Gedanken. Im Alltag bemerken wir normalerweise nicht, dass in unserem Kopf pausenlos Gedanken kreisen. Wir kommentieren das, was geschieht, greifen den Geschehnissen voraus oder erinnern uns an längst Vergangenes. Wir haben uns an das unaufhörliche Geplapper gewöhnt, es begleitet uns wie das Summen eines Ventilators, das Brummen des Automotors. Erst wenn wir die äußeren Reize ausschalten, bemerken wir, dass der innere Lärm genauso zersetzend ist wie der äußere.

Um uns herum ist tiefe Stille, aber in uns findet ein Kampf auf einem Schlachtfeld statt. Wir fragen uns, ob wir zu Hause das Gas abgeschaltet haben, und entdecken, dass wir vergessen haben, Brot zu kaufen. Der gestrige Streit mit dem Nachbarn ist wieder da, so frisch und lebendig, als hätte er sich in der Zwischenzeit von unserer Weigerung, ihn zu erledigen, genährt. Uns fällt ein, was wir hätten tun oder sagen sollen, und wir ärgern uns, dass wir nicht schlagfertiger waren. Es gab schon einmal einen Fall, in dem wir uns unterlegen fühlten. Der Mann, der uns damals geärgert hatte, erinnert uns in fataler Weise an den Menschen auf dem Kissen neben uns. Wir fragen uns, was für Leute hier eigentlich verkehren, und ob wir wirklich am rechten Ort gelandet sind. Gegen Räucherstäbchen, fällt uns ein, sind wir ohnehin allergisch.

Wir haben zu meditieren begonnen, um uns »etwas Gutes zu tun«, und was passiert, ist, dass wir uns schlechter fühlen als zuvor. Die Unsicheren unter uns fragen sich, ob sie etwas falsch gemacht haben, und die Selbstbewussten verkünden, dass diese Übung nichts für sie sei. Aber wir machen gar nichts falsch, und das Wichtigste ist, an diesem Punkt der Übung auf dem Kissen sitzen zu bleiben. Jeder von uns begegnet, sobald er sich wahrer Stille aussetzt, als erstes seinen Aggressionen, seinen Urteilen, Sorgen, den nie begriffenen Gefühlen und unbefragten Meinungen. Das ist der Müll, den wir ein Leben lang angesammelt haben, und unsere Gewohnheitsenergie lässt uns unablässig in diesem Müll wühlen und neuen anhäufen.

In einem meiner ersten *sesshin* saß neben mir eine vollschlanke Dame in den Fünfzigern. Sie hatte – obwohl wir angewiesen waren, neutrale und ungemusterte Kleidung zu tragen – getigerte Leggings an und einen türkisfarbenen Pullover, und sie schnaufte. In der Mittagspause pflegte sie zu duschen und erschien zur nächsten Sitzrunde eingehüllt in den Duft von Duschgel. Ich hatte nie zuvor bemerkt, wie heftig Duschgel riecht. Ich begann einen einwöchigen Kampf mit der Dame. Am ersten Tag war ich noch großzügig: Wir haben alle viel zu lernen, dachte ich. Am zweiten Tag fragte ich mich, warum sie hier niemand auf die unpassende Kleidung aufmerksam machte. Am dritten Tag kochte ich: Wenn sie noch nicht mal ordentlich atmen kann, dachte ich, soll sie zu Hause bleiben! Am vierten Tag war mir klar, dass die Assistenten dieses Lehrers unfähig waren, ein *sesshin* zu leiten.

Ich bin sitzen geblieben, und darüber bin ich noch heute froh. Dieser Müll hat nichts zu tun mit unserer wahren Natur. Wir *sind* nicht unsere Urteile, unsere Wut, unser Unverständnis. Schauen wir uns einfach diesen ganzen Zirkus an mit seinen Clowns und Elefanten, dem Löwen, der durch den Reifen springt, der gefährlichen Nummer am Trapez. Wir sitzen in der ersten Reihe (auf dem mit Kapok gestopften Kissen), und die Vorstellung ist hervorragend, die beste Zirkusnummer unseres Lebens! Und was das Tollste ist: Wir selbst sind alle Artisten in einer Person, und die Löwen und der Dompteur dazu. Können Sie sehen, wie komisch das ist? Können Sie darüber lachen?

Eines Tages werden Sie das tun.

Das *zafu* ist ein heißer Stuhl. Wenn wir in unserem Alltag von unangenehmen Gefühlen und Gedanken überwältigt werden, pflegen wir ganz schnell in eine Aktivität auszuweichen. Wir stellen den Fernseher an, gehen ins Fitness-Studio oder trinken zwei Gläser Wein. Wir tun alles, um uns vor der Überwältigung zu schützen und vor dem Gefühl der Ohnmacht, das unsere Gedanken und Gefühle in uns auslösen. In einem *zendo* aber können wir nicht davonlaufen. Wir haben sitzen zu bleiben, von Glockenklang zu Glockenklang. Und zwischen den Sitzrunden haben wir langsam zu gehen, Schritt für Schritt. Und außen die im Lauf der Tage sich immer weiter vertiefende Stille.

Unser inneres Schlachtfeld ist die Mauer, die uns von unserem eigenen Licht trennt. Das pausenlose innere Zwiegespräch, die verletzten Gefühle, die davongaloppierenden Gedanken, unsere Projektionen, unser Missverstehen und unsere Überzeugung davon, zu wissen, was richtig ist und was falsch – all das trennt uns von uns selbst und verengt die unbegrenzte Weite, in der wir alle schweben, zu einer winzigen Kammer mit Gitterstäben vor dem Fenster. Nicht die Gedanken und Gefühle selbst sind das Problem – sie gehören zu den Bedingungen des Menschseins und haben ihre Berechtigung und ihre eigene Schönheit –, sondern unsere Identifikation mit ihnen. Wir glauben, unsere Gedanken und Gefühle *zu sein.* Aber wir sind unendlich viel mehr. Dieses Mehr wollen wir kennen lernen. Deshalb sitzen wir auf dem Kissen.

Wie sollen wir also umgehen mit den Gedanken während der Meditation? Die häufigste Empfehlung lautet, sie einfach als Wolken zu sehen, die durch den Himmel unseres Geistes ziehen. Sie schweben heran, verdichten sich, ballen sich manchmal bedrohlich zusammen und lösen sich wieder auf. Die Kunst besteht darin, sich nicht mit den Wolken zu identifizieren. Dabei hilft uns der Atem, zu dem wir immer wieder zurückkehren. Der Atem bringt uns zurück in den gegenwärtigen Augenblick, auf das Kissen, in die Stille des *zendo*, wo neben uns ein anderer Mensch schnauft und nach Duschgel riecht. *Das* ist die einzige Tatsache, die wir feststellen können. Atmen, Schweigen, Schnaufen, Geruch. Alles andere sind unsere Meinungen über die Situation: Wolken, die wir jetzt vorüberziehen lassen.

Denken ist Energie, und zwar eine machtvolle. Unser Ziel ist keineswegs, das Denken auszuschalten, sondern es zu beherrschen. *Wir* bestimmen, was und wie lange wir denken möchten; *wir* richten unsere Gedankenenergie auf genau den Punkt, dem sie zugute kommen soll, um eine Arbeit zu vollenden, ein Projekt in die Wege zu leiten, jemandem beizustehen.

Nun pflegen wir aber, vor allem am Anfang der Übung, auf der Stelle mit jedem verführerischen Gedanken mitzufliegen. Was also erinnert uns daran, zum Atem zurückzukehren, wenn wir gerade mit Lichtgeschwindigkeit irgendwo im Nichts herumfliegen?

Thich Nhât Hanh lehrt eine Praxis, die sich »Glocken der Achtsamkeit« nennt. Sobald eine solche Glocke ertönt, halten wir inne und atmen dreimal tief durch. Diese Glocken sind vor allem die großen und kleinen Klangschalen, welche die Meditation einläuten und beenden. Aber wir wollen unsere Praxis ja im Alltag fortführen, und deshalb wird empfohlen, auch das Klingeln des Telefons, die Kirchenglocken, die Türklingel, die Sirenen der Krankenwagen und selbst das Rotlicht der Ampel als Glocken der Achtsamkeit zu betrachten. Durch fortgesetzte Übung, vor allem während eines längeren Retreats, verankern wir diese Signale in uns, so dass sie im Lauf der Zeit von alleine wirken: Ein Telefon klingelt, und wir bleiben stehen, lassen die Gabel sinken, legen den Kugelschreiber auf den Tisch – und atmen.

Wenn wir eine Zeit lang auf diese Weise das Zurückkehren in den Augenblick geübt haben, werden wir ein Geheimnis entdecken. Die meisten Menschen kennen es nicht, und ihre Unkenntnis kostet sie viel Kraft und erschafft in ihrer Umgebung Missverständnisse und Konflikte. Wir entdecken, dass unser innerer Lärm in all seinen Manifestationen nicht verändert werden muss. Wir brauchen ihn nicht zu benennen und in mühsamer Kleinarbeit in »Stille« oder »positive Gedanken« zu verwandeln. Und sicher ist es nicht hilfreich, anderen Menschen ihre »mangelnde Arbeit an sich selbst« vorzuwerfen. Das Geheimnis ist: Es geschieht von selbst. Unsere Achtsamkeit kümmert sich still und diskret um die Arbeit, die erledigt werden muss. Alles, was wir zu tun brauchen, ist, in den Augenblick zurückzukehren. Sanft und geduldig. Noch einmal und noch einmal.

Achtsamkeit ist Energie, und Energie kann aufgebaut und genährt werden. Mit jedem achtsamen Schritt zum Telefon, jedem achtsamen Wort, jedem achtsamen Überschreiten der Schwelle nähren wir die Kraft unserer Achtsamkeit. Und wir brauchen dringend eine starke Achtsamkeit, im täglichen Leben wie in den unvorhersehbaren schwierigen Situationen, die uns über kurz oder lang heimsuchen werden – weil das Leben eben so ist, wie es ist.

Tag für Tag

Jeder tag
(für elisabeth)

Jeder tag
ist ein brief

Jeden abend
versiegeln wir ihn

Die nacht
trägt ihn fort

Wer
empfängt ihn

Reiner Kunze

Der Alltag

Für die meisten Künstler ist der Alltag das größte Problem ihres Lebens. So wenig, wie ihre Werke in den Alltag ihres Publikums oder ihrer Käufer gehören, scheint der Alltag ins Leben des Künstlers zu passen. Die Arbeit des Künstlers findet auf einer anderen Ebene statt als der alltäglichen – sie fühlt sich »höher« an, obwohl das nur eine Metapher ist. Auf der Ebene, die wir betreten, wenn wir Kunst erschaffen, erscheinen die Dinge transparent. Verbindungen erhellen sich uns auf einen Blick, Einfälle fliegen uns zu, ein roter Faden entrollt sich aus dem Nichts. Die Ebene, auf der Kunst entsteht, ist eine der Korrespondenzen, der Synchronizitäten, der geheimnisvollen Zusammenhänge.

Aber auch ein Künstler muss essen. Er muss seine Rechnungen bezahlen, sein Brot kaufen, seinen Müll hinuntertragen. Wo sind die geheimnisvollen Zeichen, wenn er an einem Mittwochabend eingekeilt zwischen den Pendlern mit den verhärmten Gesichtern im Bus steht, den Schweiß aus fremden Achselhöhlen in der Nase und einen tropfenden Schirm auf dem Schuh? Wo bleibt die Magie der Synchronizität, wenn sein Vermieter ihm eine Mieterhöhung präsentiert? Wo ist die Kraft, die ihm noch am Vortag die Gewissheit künstlerischer Erfüllung gegeben hat, wenn sich im Spülbecken der Abwasch türmt und kein sauberes Hemd mehr im Schrank ist?

Hermann Hesse, der die Unterbrechung seines Gedankenflusses wie jeder Schriftsteller fürchtete, pflegte mit seiner Frau kleine Hausbriefe auszutauschen, die sie an vorher vereinbarten Plätzen hinterlegten. In diesen Briefen wies er sie auf ein Loch in seiner Jackentasche hin und kommentierte die Qualität des Essens. Rainer Maria Rilke ließ sich reihum auf die Schlösser seiner adeligen Bekannten einladen, wo er sich an den gedeckten Tisch setzen durfte und seine Wäsche gewaschen wurde. Die Geschichten von Künstlern, die den Alltag an einen anderen Menschen delegieren, sind Legende. Wenn dieser Mensch nicht zur Verfügung steht, kommt es häufig zu Konfusion. Der Alltag ist für viele Künstler das notwendige, aber nie begriffene Übel. Er oder sie wurstelt sich irgendwie durch und hat zumeist den Eindruck, die Welt der Objekte sei voller Tücken und nichts als ein Hindernis auf seinem Weg zum Ziel, dem Kunstwerk.

Wenn wir ein Ziel haben, das wir erreichen wollen, wird alles, was uns unterwegs begegnet, unwichtig. Der Zug geht in zehn Minuten, wir stürzen die Treppe des Bahnhofs hoch – wie könnten wir jetzt einen Freund begrüßen, einem Blinden über die Straße helfen, die Schönheit des plötzlichen Sonnenstrahls hoch oben in der Bahnhofskuppel würdigen? Wenn wir ein Ziel haben, verpassen wir unser eigenes Leben. Wir wollen ein Bild malen, Erleuchtung erlangen, ein Vier-Gänge-Menü kochen und unsere Kinder zu guten Menschen erziehen. Aber *dieser* Augenblick besteht aus dem scharfen Geruch von Lösungsmittel und dem Schimmern der Pigmentkristalle in der Schale. Er besteht aus dem Klang der Glocke, der sich in Wellen durch den Raum ausbreitet und durch uns hindurchschwingt, als wären wir ein Nichts. Er besteht aus dem Duft der Petersilie, die wir wiegen, und aus unserer Wut, weil unser Sohn sein Zimmer in eine Müllhalde verwandelt hat.

Die meisten von uns brauchen Jahre harter Arbeit, bis sie erkennen, dass all dies die herzzerreißende Schönheit des Lebens ist.

Katherine Mansfield wirft sich in ihrem Tagebuch immer wieder vor, zu wenig zu arbeiten. Aber da gab es ihre Katze, die sie beobachten musste, und die Gänseblümchen am Abend. Es gab diese wunderbar weichen Samtstoffe, über die sie streichen musste, und den Geruch nach Holzkohle, wenn der frische Wind vom Meer kam und in den Häusern das Nachtessen bereitet wurde. Es gab die Welt mit ihrer ganzen Fülle und ihrem Geheimnis. Diese Welt hielt sie fest in den Tagebüchern, und während sie klagte, sie müsse eigentlich mehr schreiben, schrieb sie über die Augenblicke, die ihr fast das Herz brachen, weil sie so voll und vollkommen waren. Und erschuf Weltliteratur.

Die großen Erfolge, die herausragenden Taten, das vollständig gelebte alltägliche Leben bestehen aus Tausenden von Augenblicken. Die bestandene Fahrprüfung besteht aus den Momenten, in denen der tastende Fuß immer wieder die Kupplung suchte, der Blinker ein- und ausgeschaltet, die Gänge eingelegt wurden. Ein üppig wachsender Garten besteht aus Tausenden Momenten des Hackens, Jätens, Säens, Gießens und Beschneidens. Das frisch geputzte Haus besteht aus jedem einzelnen Besenstrich und Lappenschwung, aus jedem hochgestellten und heruntergeholten Möbelstück, aus jedem Tritt auf einer Leiter.

Aber schon am nächsten Tag wird das Haus nicht mehr so glänzen, das Autofahren wird Routine, die Pflanzen sterben in den Winter hinein.

Ein Ziel liegt immer in der Zukunft, da, wo wir leider noch nicht sind. Unser Ziel ist die endlich gelungene Statue, der veröffentlichte Roman, die Aufführung unserer Sinfonie. Unser Ziel ist das wichtige Zeugnis, die Heirat, die Beförderung oder die Pensionierung. Dann, so stellen wir uns vor, werden wir die Früchte unserer Bemühung ernten. Dann werden wir endlich glücklich, reich, geborgen oder frei sein. Oder beliebt. Oder berühmt. Das Problem mit den Zielen ist, dass sie die fatale Eigenschaft haben, sich, wenn sie einmal erreicht sind, als seltsam unbefriedigend zu erweisen. So mühsam hatten wir uns die Ehe eigentlich nicht vorgestellt. Der neue Beruf hält nicht, was wir uns von ihm versprochen haben. Der Roman zeigt nun doch gravierende Schwächen. Die Choreografie hat Längen.

Viele Künstler vergessen irgendwann im Lauf ihrer Arbeit, warum sie Künstler werden wollten. Sie hören den Ruf nicht mehr, der am Anfang stand, und sie, wie Hilde Domin es ausdrückt, »heim« rief – ins Wort, in den Klang, in die Farbe, in den Stein. Das Zuhause ist nicht das einzelne Werk. Das Kunstwerk könnten wir sogar als Nebenprodukt bezeichnen. Unsere Freude, unsere Erfüllung, unsere tiefste Sehnsucht ist der Prozess von Wahrnehmung und Ausdruck – in jedem, wirklich jedem einzelnen Moment. Wenn der einzelne Moment in ungeteilter Achtsamkeit gelebt wird (Zen enthält), dann ist es gar nicht mehr so wichtig, ob die Skulptur, die Komposition, die Kurzgeschichte Mängel hat. Andererseits ist die Wahrscheinlichkeit groß, dass uns eine lebendige Aussage von Welt und Wirklichkeit gelingt, gerade *weil* wir jeden Augenblick in Wachheit erlebt haben.

Der Roman, die Sinfonie, das Bild enthalten nicht nur die Gedanken und die handwerkliche Fertigkeit des Künstlers; sie enthalten ebenso die Nachmittage, an denen er Bohnen und Salat gepflanzt, die Fenster geputzt und einen Konflikt mit seinem Nachbarn bereinigt hat. Sie enthalten die Sorgfalt oder Nachlässigkeit, mit der er das Mittagessen bereitet und sich um seinen Körper kümmert. Sie enthalten seinen Zweifel, seine Sehnsucht, seinen Mut, die schlaflosen Nächte und die Offenheit oder Verschlossenheit allen Menschen gegenüber, die ihm begegnet sind.

Der Tag, auf den Sie am Abend zurückblicken, ist Ihr Kunstwerk: Ihre Skulptur, Ihr Konzert, Ihre Geschichte. Ihr Tag enthält genau das, was Sie in ihn hineingegeben haben. Natürlich stehen wir alle in vielfältiger Beziehung mit unserer Umwelt, und häufig scheinen unsere Tage eher aus dem zu bestehen, was unsere Umwelt uns aufdrängt, als aus unseren eigenen Entscheidungen. Aber verwechseln Sie nicht das Material mit dem Handwerkszeug! Als Alexej Jawlensky durch seine Gicht fast bewegungslos geworden war und den Pinsel nur noch in geraden Bahnen über winzige Stücke Karton führen konnte, malte er Gesichter, die aus wenigen Strichen bestanden. Sie gehören zu den schönsten Bildern, die er geschaffen hat. Pablo Picasso pflegte eine weggeworfene Serviette, ein Stück Schwemmholz, eine Fahrradstange in ein Kunstwerk zu verwandeln. Schriftsteller, denen man den Strom sperrt, schreiben beim Schein einer Kerze weiter.

Ein Künstler des Lebens macht seine Steuererklärung, bezahlt seine Rechnungen, steht eine Viertelstunde in der Schlange im

Supermarkt und weiß: Dies ist mein Leben. Der Tag, auf den er am Abend zurückblickt, wird sein Einverständnis enthalten: als Glanz, der über den Dingen liegt, die einfach so sind, wie sie sind.

Leben heißt Geige spielen zu lernen, während man ein Konzert gibt

Sie haben gerade mit der Meditation begonnen und sind fasziniert. Sie wollen mehr wissen über diese seltsame Sache namens Zen und beginnen, Wissen zu sammeln. Sie lesen Bücher (zum Beispiel dieses hier) und stellen fest, dass es anscheinend keine kompetenten Leute gibt, die klar und verständlich über Zen reden können. So, wie das Zen dargestellt wird, ist es entweder dunkel-verworren, unerreichbar abgehoben oder so simpel, dass Sie den Eindruck haben, Zen sei die einfachste Sache der Welt, geradezu ein Kinderspiel.

Mit Letzterem haben Sie völlig recht. Ein Leben im Zen ist ungeheuer einfach – aber für die meisten Menschen ist es alles andere als leicht, in diese Einfachheit zu kommen. Wir müssten dazu unser Wissen, unsere Meinungen und Vorurteile loslassen, unsere Muster, Gewohnheiten und Anhaftungen durchschauen. Der Weg zum Loslassen wäre das Zen – aber das Zen wollen wir ja gerade erreichen. Mit anderen Worten: Unser vermeintliches Ziel ist in Wirklichkeit unser Mittel. Wir rennen auf etwas zu, das tatsächlich die ganze Zeit bei uns ist.

Yehudi Menuhin sagte einmal: »Leben heißt Geige spielen zu lernen, während man ein Konzert gibt.«

Warum üben Sie Zen? Glauben Sie, eines Tages perfekt zu sein, erleuchtet, ein »guter Mensch« (was immer Sie sich darunter vorstellen)? Was machen Sie mit Ihrem Leben in der Zwischenzeit?

Wie gehen Sie um mit all der Unvollkommenheit, die Sie trotz Ihres Bemühens immer noch an sich bemerken? Verdrängen Sie Ihre Wut, agieren Sie Ihre Eifersucht aus, ignorieren Sie Ihren Neid, verstecken Sie Ihre Habgier, Ihre Unsicherheit, Ihre tausend Ängste?

Wenn wir Zen üben, bekommt unser sorgfältig gehütetes Selbstbild Risse, und die Wahrscheinlichkeit ist groß, dass es eines Tages ganz zusammenbrechen wird. Wir stellen fest, dass wir nicht der dynamische, erfolgreiche, beliebte Typ sind, der in unserer Gesellschaft so gut ankommt. Wir sind nicht die Mischung aus Karrierefrau, liebevoller Mutter, guter Hausfrau und leidenschaftlicher Geliebter, die uns in einer Fernsehserie so imponiert. Das zuzugeben ist uns peinlich, und wir tun alles, um die Peinlichkeit zu überdecken. Wir ziehen in eine andere Gegend, verwenden viel Sorgfalt auf unsere Garderobe, treten einem Club bei und melden unsere Kinder in einer besseren Schule an.

Wenn wir Glück haben, geht uns eines Tages die schlichte Tatsache auf, dass es keinen Ort auf dieser Welt gibt, an dem wir uns verstecken können, und dass Verstecken auch nicht notwendig ist. Denn den anderen Menschen geht es ganz genauso wie uns. Wir alle lernen Geige spielen und führen währenddessen miteinander ein Konzert auf, das so schräg, schön und grauenhaft ist, dass wir, hätten wir wahrhaft offene Ohren, abwechselnd schaudern, jubeln und lachen müssten.

Und jeder, wirklich jeder, hört, wenn wir danebengreifen.

Rauft sich ein Geiger die Haare, wenn ihm das passiert? Wirft er den Bogen in die Ecke, brüllt er sein Publikum an, bricht er das Konzert ab? Nein, er spielt einfach weiter. Der Augenblick unseres Fehlgriffs ist nur ein Augenblick, vergangen auf Nimmerwiedersehen. In *diesem* Augenblick aber gelingt uns ein wunderschöner Ton, der alle aufhorchen lässt. Vielleicht gelingt er uns gerade deshalb, weil uns der Patzer aus unserer Trägheit gerissen hat. Geigespielen erfordert höchste Konzentration. Wir neigen dazu, das gelegentlich zu vergessen.

Aber auch unsere Unachtsamkeit ist nur ein Moment des großen Werdens. In der Sekunde, in der uns bewusst wird, dass wir unachtsam sind, ist Achtsamkeit präsent.

Carl Gustav Jung nannte die Verwirklichung unserer psychischen Ganzheit »Individuation«, was nicht mit dem so hochgeschätzten Individualismus verwechselt werden darf. Auf dem Weg der Individuation müssen wir unsere »Schatten«, die unbewussten Anteile in uns, in unser Bewusstsein integrieren. Unter Schatten verstand Jung alle aus dem bewussten Selbstbild verdrängten Inhalte, was zumeist die Gefühle und Handlungen sind, die wir und mit uns die gesamte Gesellschaft als »negativ« betrachten. Das Verdrängte macht das Unbewusste zu einer Schlangengrube. Das Konzept der Ganzheit gefällt uns, frohgemut werfen wir einen Blick in die Dunkelheit, und dann möchten wir unser Inneres am liebsten sofort mit einem dreifachen Schloss verschließen: Der Anblick der Schlangen unserer Negativität ist wirklich nicht leicht zu ertragen. Wer einmal einen Blick in sein Unbewusstes getan hat, wird die naive Vorstellung von »Vollkommenheit« ein- für allemal beiseite legen. Deshalb sagte Jung, das Ziel der Individuation sei nicht Vollkommenheit, sondern Vollständigkeit: die Ganzheit aus Licht und Schatten, das ganze volle runde menschliche Wesen, das wir sind. Und paradoxerweise verfehlen wir unsere Vollständigkeit gerade dann, wenn wir nach Vollkommenheit streben, weil im Konzept der Vollkommenheit das Dunkle keinen Platz hat.

Zen zu üben heißt, mit Schlangen zu tun zu bekommen, und zwar mit unseren eigenen. Wer jetzt nicht davonläuft, wird eine Menge lernen. Es ist vielleicht nicht das, was zu lernen er sich vorgenommen hatte, und ganz bestimmt wird er mit seinem Wissen in der Welt weder Ruhm noch Reichtum ernten. Lernen im

Zen bedeutet nicht Anhäufen von Wissensstoff, sondern ist im Tiefsten eine Übung im Loslassen. Wir müssen alles – und ich meine: alles! –, was wir über uns glauben, aufgeben. Das ist manchmal schmerzhaft, aber in jedem Fall befreiend. Es erfüllt uns oft mit Trauer, manchmal mit Heiterkeit und letzten Endes mit Erleichterung. Denn wir dürfen auch unsere Schuld- und Schamgefühle, unser vermeintliches Versagen und die Verzweiflung über unsere Mängel aufgeben. C.G. Jungs Definition des Schattens umfasst nämlich eine weitere Dimension jenseits des Negativen: Auch unsere ungelebten Talente und positiven Eigenschaften verstecken sich, wenn sie nie gefördert wurden, in der Dunkelheit des Unbewussten. Zen zu üben heißt auch zu erkennen, dass wir liebevoller, weiser, mächtiger, klüger, mutiger sind, als wir angenommen hatten.

Ein Künstler sieht auf andere Weise

Jemand fragte eines Tages Michelangelo, wie man nur so etwas Wunderbares wie den David erschaffen könne. Michelangelo sagte: »Ich nehme mir den Marmorblock, und da ist er schon drin.«

Ein Künstler sieht auf andere Weise. Er beugt sich über einen Marmorblock und erkennt in ihm einen David. Kunst ist nicht Erfindung, sondern Findung: ein Entdecken dessen, was irgendwo bereits vorhanden ist; ein Wecken von etwas, das noch schläft; ein Lauschen auf etwas, das sich äußern möchte. Der Eigenwillen des Künstlers muss hinter dem, was da laut werden will, zurücktreten. Ein Künstler ist ein Dienender; seine verfeinerte Wahrnehmung, die er ein Leben lang geschult hat, ist das Instrument, durch welches das Unsichtbare und Unhörbare sich äußern kann. Das wahrhaft Neue, die überraschenden Verknüpfungen von scheinbar unverbundenen Dingen, der erhellende Ausdruck für das Gewohnte entstehen immer aus der Fähigkeit, wach zu sein und klar zu sehen.

Unter dem Blick des Künstlers stellt sich das Gewöhnliche als das höchst Ungewöhnliche heraus. Kein Stein ist zu klein, kein Riss in der Mauer zu unbedeutend, um nicht die Aufmerksamkeit eines Künstlers zu fesseln. Wahre Kunst entsteht nicht aus dem Intellekt und nicht aus der »Fantasie«. Sie entsteht aus der tiefen Wahrnehmung dessen, was ist. Ein wahrer Künstler lehrt uns *sehen* und zeigt uns, dass unsere Wahrnehmung der Welt beschränkt und farblos ist. Wir sehen das Gewohnte, das, was zu sehen wir uns konditioniert haben. Die Arbeit des Künstlers weckt uns auf.

Ein Künstler des Lebens ist ein Mensch, der hinter die Oberfläche der Dinge sieht.

Auf dem Zenweg lernen wir, immer wieder zum gegenwärtigen Augenblick zurückzukehren. Ja, wir alle haben tiefen Kummer, der sich ein Leben lang in uns angesammelt hat. Er äußert sich als unsere Angst, unsere Aggression, unseren Überdruss, unsere Verzweiflung. Ja, unser Inneres ist kein stiller Waldteich, sondern ein aufgewühlter Ozean. Tausend Mal werden wir von einem verführerischen Gedanken davongetragen, von einem Gefühl überrollt. Und tausend Mal halten wir, sanft und beharrlich, inne und kommen zurück zum gegenwärtigen Augenblick. Jedes Mal, wenn wir das tun, bauen wir ein wenig mehr Stabilität und Gelassenheit auf und klären ein wenig mehr von unserer Verwirrung.

Wenn wir begriffen haben, dass wir uns nicht verstecken können, kein Ziel mehr haben und beginnen, dem Augenblick zu vertrauen, passiert etwas mit unserer Wahrnehmung. Wir brauchen nicht zu befürchten, eine komische Figur zu machen, in den Augen der anderen sind wir vielleicht schon eine. Wir brauchen uns auch nicht umzuziehen und nicht zu warten, bis wir älter, mutiger, klüger sind. Wir erwarten nichts mehr, und uns erwartet niemand und nichts, und deshalb gibt es nur das, was ist: die tropfnassen Bäume, die kahlen Felder, die menschenleere Straßenecke mittags um drei in der gleißenden Sonne. Den Torbogen mit der schlafenden Katze, den Obdachlosen und seinen Hund, die dumpfe Luft aus dem U-Bahn-Schacht. Wenn wir dem Augenblick vertrauen, erwachen wir zu der reinen Erfahrung des Seins. Der Wind fährt in die Bäume und schüttelt Tropfen in unseren Blusenkragen. Die Mittagssonne tüncht eine rosa Hauswand weiß, der Hund hat Flöhe, der Katze fehlt ein Ohr. Das Pflaster über der U-Bahn bebt unter unseren Füßen, aus einem offenen Fenster weht der »Frühling« von Vivaldi herüber.

Eines Tages bügelte ich. Es war ein Sommernachmittag, das Fenster stand weit offen. Ich bügelte ein Taschentuch, das ich dreißig Jahre zuvor zur Konfirmation bekommen hatte. Es war weiß und hatte einen roten Rand mit weißen Tupfen; ein dünngewaschenes Taschentuch, an den Rändern ausgefranst. Irgendwo hupte ein Auto, Kinder riefen einander etwas zu; draußen der heiße Sommertag, drinnen ich und das heiße Bügeleisen, und da geschah es: Ich *sah* das Taschentuch. Ich sah es nach dreißig Jahren zum allerersten Mal. Es hatte einen Glanz, der mir den Atem nahm. Es war das Schönste, was ich je gesehen hatte.

Es war weiß und hatte einen roten Rand mit weißen Tupfen.

Thich Nhât Hanh sagt: »Blitzartig leuchtet der Augenblick auf, um sogleich wieder zu verschwinden. Wir haben nicht wenig erreicht, wenn es uns in unserem Leben auch nur ein einziges Mal gelingt, wirklich zu sehen. Haben wir das einmal geschafft, so können wir Sehende bleiben. Die Frage ist nur, ob wir genügend Entschlossenheit und Eifer aufbringen.«

Ein tiefer Einblick in das, was ist, geschieht uns wie ein Überfall. Wir haben den Einblick nicht gesucht; wir haben uns nicht hingesetzt und ihn mit Glocken und Trommeln und Mantrasingen zu beschwören versucht. Er geschieht uns vielmehr in dem Augenblick, in dem wir uns selbst vergessen. Wir vergessen, dass unser Rock nicht der neuesten Mode entspricht und unsere Haare gewaschen werden müssten. Wir sind weder mit unserer Vergangenheit noch mit der Zukunft beschäftigt, wir planen nichts, wir bedauern nichts. Es ist, als entstünde für den Bruchteil einer Sekunde ein Vakuum, ein Raum, in dem unser bewusstes Ego nicht anwesend ist. Der Tag ist heiß, das Ego macht ein Nickerchen, während wir (wer ist eigentlich dieses Wir?) tun, was wir zu tun haben. Bügeln vielleicht. Draußen hupt ein Auto. Kinder rufen einander etwas zu. Und da … *findet Sehen statt.* Es ereignet sich, einfach so, in dem Vakuum, das entstanden ist. Das *Leben* spricht sich aus, unerwartet, ungerufen. Es überschüttet uns mit einem Glanz, der stärker ist als alles, was wir je erfahren haben. Der Träger des Glanzes ist ein Hund mit Flöhen. Ein Torbogen, in dem eine Katze schläft. Ein Taschentuch mit einem roten Rand und weißen Tupfen.

Können wir Sehende bleiben? Werden wir unsere Augen zu einer Öffnung machen, durch die das *Leben* uns im Tiefsten berühren kann, anstatt, wie bisher, die Dinge »anzuschauen« und sie auf diese Weise in sicherer Distanz zu halten? Werden wir den Mut haben, uns über die Phänomene der Welt zu beugen, um ihr tiefstes Geheimnis zu erkennen und auszudrücken? Werden wir unser Ego so vollständig vergessen, dass wir – wie Michelangelo, der in einem Marmorblock den David sah – in einem Obdachlosen den Buddha entdecken?

Das ist unsere Aufgabe. Werden wir, um sie zu erfüllen, »genügend Entschlossenheit und Eifer aufbringen«?

Ethik

Sobald wir die Zen-Praxis aufnehmen, sehen wir uns mit klar formulierten ethischen Richtlinien konfrontiert. Es handelt sich im Wesentlichen in allen Schulen um dieselben Inhalte: Wir geloben, das Eigentum anderer zu achten, bewusst zu konsumieren, mit unserer Sexualität verantwortungsvoll umzugehen, das Leben in all seinen Formen zu schützen, Konflikte zu lösen, die Wahrheit zu sagen und unsere Worte und Handlungen sorgfältig zu wählen, um niemanden zu verletzen.

Diese Richtlinien – sie heißen auch Gebote oder Regeln – sind eine freiwillige Verpflichtung, die wir der Welt gegenüber auf uns nehmen. Sie werden zumeist in einer feierlichen Zeremonie vom Meister oder einem von ihm autorisierten Lehrer übertragen und sollen vom Schüler regelmäßig studiert und rezitiert werden. Westliche Schüler des Zen haben damit manchmal Probleme. Viele von uns, die in der christlich geprägten Kultur aufgewachsen sind, verwechseln die Richtlinien mit den Zehn Geboten, die einigen von uns eher als Drohung vermittelt wurden denn als hilfreiche Ethik. Auf der Flucht vor einem falsch verstandenen Christentum landen manche Menschen im Zen, weil es keine Vermittler zwischen uns und die Erfahrung der Transzendenz schiebt. Wieso, fragen diese Menschen, braucht eine Praxis, die zur Befreiung führt, Gebote?

Der amerikanische Zen-Meister Robert Aitken sagt dazu: »Ohne die Richtlinien der Gebote wird die Zen-Praxis zum Zeitvertreib, der nur der Erfüllung der eigenen Bedürfnisse dient. Die Befreiung vom eigenen Ich, wie sie in der Zen-Gemeinschaft gelebt wird, steht in deutlichem Gegensatz zur Ichverhaftetheit, wie sie von unserer Gesellschaft begünstigt wird.«

Die »Befreiung vom eigenen Ich« klingt zunächst einmal bedrohlich. Wollen wir wirklich »frei« sein von unserem Ich?

Dürfen wir uns dann keine Annehmlichkeit mehr gönnen, keine Freude mehr haben, nichts mehr für uns selbst wollen? Nein, das ist nicht gemeint. Aber genau die Instanz, die diese Fragen stellt, steht hier in Frage: Unser Ego mit seinen Wünschen und Begierden und seiner Überzeugung, abgetrennt zu sein von der »Welt da draußen«. Unsere Zen-Praxis ist darauf ausgerichtet, den Eigenwillen dieses Ego – das buddhistisch gesprochen eine »Illusion« ist – aufzudecken und umzuwandeln, bis das Ego in den Dienst unserer Buddhanatur, unserer wahren Natur gestellt ist.

Die Richtlinien also sind ein Werkzeug, das dem Ego die Vorherrschaft entzieht: Sie machen uns darauf aufmerksam, dass wir Verantwortung tragen für alles, was uns umgibt. Und wenn wir eine Weile mit ihnen geübt haben, erkennen wir, dass wir sogar Teil von allem *sind*, was uns zu umgeben scheint.

Im Zen gehen wir davon aus, dass wir bereits »erleuchtet« sind, wir wissen es nur nicht. Was aber heißt das, »erleuchtet« oder – was ich bevorzuge – »erwacht« zu sein? Wer sagt uns, wie sich ein erwachtes Wesen verhält? Die Richtlinien sagen es uns. Ein erwachtes Wesen würde sich genau so verhalten, wie die Richtlinien es uns empfehlen: Es würde das Eigentum anderer achten, bewusst konsumieren, verantwortungsvoll mit Sexualität umgehen, das Leben in all seinen Formen schützen, Konflikte lösen, die Wahrheit sagen und Worte und Handlungen sorgfältig wählen, um niemanden bewusst zu verletzen.

Wenn wir die Zen-Übung aufnehmen, begeben wir uns in ein unbekanntes Land. Um nicht völlig die Orientierung zu verlieren, brauchen wir eine Landkarte. Die Richtlinien sind unsere Landkarte. Sie zeigen uns die Richtung an, in die wir gehen sollten, wenn wir uns wieder einmal im Nebel verirrt haben. Indem wir die Richtlinien praktizieren und gleichzeitig lernen, immer wieder zum Atem und zum gegenwärtigen Augenblick zurückzukehren, lichten sich die Nebel unseres

Geistes. Wir erkennen, dass die Ethik des Zen uns nicht von außen aufgezwungen wird, sondern unserem eigenen tiefsten Wunsch entspricht.

In der vietnamesischen Tiêp-Hiên-Tradition werden die Richtlinien als »Achtsamkeitsübungen« formuliert. Das ist ermutigend: Wir müssen sie nicht »befolgen« (und werden auch nicht geteert und gefedert, wenn es uns nicht gelingt), wir nehmen sie als unsere Übung. Im Gegensatz zu den Zehn Geboten sind die Achtsamkeitsübungen positiv formuliert: Wir »geloben« oder »sind entschlossen«, sie zu praktizieren. Einen Entschluss kann jeder fassen, und jeder kann sich bemühen, ihn einzuhalten. Das rückt die Ethik des Zen in unsere Reichweite, sie wird handhabbar. Wir können das massenhafte Abschlachten von Vieh nicht verhindern, aber wir können uns dazu entschließen, vegetarisch zu leben. Wir können unsere Politiker nicht aufrichtiger machen, aber wir können uns dazu entschließen, unsere Wahrheit auszudrücken in Worten, die klar und unmissverständlich sind und dennoch von Mitgefühl getragen.

Indem wir die Achtsamkeitsübungen praktizieren, schützen wir die anderen und uns selbst vor den Grausamkeiten, zu denen jeder von uns (ja, *jeder* von uns!) fähig ist. Eine Gemeinschaft – sei es eine Familie, ein Team oder eine Meditationsgruppe – muss auf einem minimalen Konsens von Werten beruhen, auf die sich alle einigen können. Wenn ich weiß, dass mein Eigentum geachtet wird, kann ich meine Türen offen lassen. Wenn ich sicher bin, dass alle Beteiligten sich bemühen, die Wahrheit zu sagen, kann ich Vertrauen entwickeln und mich aufrichtig äußern.

Und dennoch ist es allein die Wahrheit der Situation, die uns sagen kann, was wir zu tun haben.

Manchmal geht es im Leben um schwierige Entscheidungen. Was soll ich tun, wenn ich dem Mann begegne, der mein tiefstes Wesen anspricht, während ich mit einem anderen verheiratet bin?

Kann ich es meinem Sohn antun, ihn in ein Internat zu schicken, weil ich gezwungen bin, ganztags zu arbeiten und mich beruflich entfalten will? Welches ist das Kriterium für meine Entscheidung?

Die Achtsamkeitsübungen geben uns keine *Inhalte* vor, sondern schulen unsere *Haltung*. Wenn wir eine Weile mit ihnen geübt haben, wird sich unsere konstruktive Haltung in einer gegebenen Situation einstellen und als die Antwort erweisen – und diese Antwort ist tragfähiger und realistischer als jedes Handeln nach vorgegebenem Inhalt. Aber wir dürfen auch hier unserem Ego nicht in die Falle gehen: Es gibt keine Belohnungen für Wohlverhalten.

In jedem von uns lebt der gute Junge oder das brave Mädchen, die sich ausrechnen: Wenn ich heute Abend meinen Teller leer esse, bekomme ich morgen sicher den schönen roten Ball, den ich mir wünsche. Wenn wir die Übungen einsetzen (oder ignorieren), um etwas für uns selbst zu bekommen, ist das Egozentrik und nicht Zen. Außerdem funktioniert es nicht. Wir können hundert Mal wahrhaftig sein, aber es gibt keine Garantie dafür, dass die anderen aufhören werden zu lügen. Es mag sein, dass wir auf eine Liebe verzichten, um unseren Partner nicht zu verletzen, und drei Monate später läuft er mit einer anderen Frau davon. Warum also bemühen wir uns um eine Ethik, wenn offensichtlich die meisten Menschen dies nicht tun und wir nicht einmal »etwas davon haben«?

Wir tun es, um es zu tun. Es ist Teil unserer Praxis: Eine Haltung dem Leben gegenüber zu kultivieren, die Leiden in all seinen Formen lindert. Vielleicht haben wir schon eine kleine Erfahrung davon, dass es keine Grenzen gibt zwischen uns und den anderen, dass wir in Wirklichkeit der andere *sind*. Vielleicht wartet diese Erfahrung noch auf uns. Sie wird sich nicht zuletzt deshalb einstellen, weil wir die Übungen praktizieren.

Eine Landkarte ist im Grunde nichts als ein Stück Papier. Es kann uns das Leben retten, wenn wir uns verirrt haben. Es kann auch ein Ballast in unserem Rucksack sein. Wenn wir die Gegend (unsere innere Landschaft) kennen wie unsere Schürzentasche, werden wir wissen, welchen Weg wir zu nehmen haben. Vielleicht sieht er wie ein Umweg aus, oder er führt über Stock und Stein. Wenn das *Leben* uns ruft, können wir nicht nach einer bequemen Promenade Ausschau halten. Wir müssen bereit sein, dem Ruf zu folgen – und alle Konsequenzen zu tragen, die daraus folgen. Aber wenn auch nur die Spur von Greifen und Habenwollen in unserem Entschluss ist, eine Übung nicht zu beachten, dann hat unser trickreiches Ego uns einen Streich gespielt. Dann werden wir lange brauchen, um unsere Praxis wieder zu stabilisieren, und die Wahrscheinlichkeit ist groß, dass wir zumindest einen anderen Menschen verletzt und vielleicht verloren haben.

Es wird jedoch, wenn wir durchhalten, ein Moment in unserer Praxis kommen, an dem sich die Achtsamkeitsübungen in uns entfalten und an uns zu arbeiten beginnen. Indem wir sie praktizierten, haben wir sie, die wie Samen schon immer in uns ruhten, begossen und gedüngt. Jetzt gehen sie auf. Wenn nicht mehr wir mit den Übungen arbeiten, sondern sie an uns, ist unsere Praxis an einem Wendepunkt angekommen. Es ist, als würde ein Ballast von unseren Schultern fallen: Wir müssen uns nicht mehr anstrengen, »Gebote einzuhalten«. Die Übungen halten uns. Sie haben Wurzeln geschlagen in uns, die Wurzeln ergeben einen guten Boden. Wir setzen unsere Füße darauf. Er trägt.

Verwandlungen

Es knospt

Es knospt
unter den Blättern
das nennen sie Herbst.

Hilde Domin

Schmerz, der große Zen-Meister

Wenn man Menschen fragt, was sie über Buddhismus wissen, kommt fast ausnahmslos der Satz »Alles ist Leiden«. Für viele Menschen *ist* diese Aussage der Buddhismus, und interpretiert wird sie als das Verbot, sich zu freuen und die Schönheit des Lebens wahrzunehmen. Das ist ein großes Missverständnis. Die Aussage, dass Leiden existiere, ist nur die erste der »Vier Edlen Wahrheiten« des Buddha. Die zweite befasst sich mit den Ursachen des Leidens, die dritte versichert uns, es gebe einen Weg aus dem Leiden heraus. Die vierte schließlich weist uns den Weg, und der besteht im Edlen Achtfachen Pfad: Rechte Anschauung, Rechtes Denken, Rechte Rede, Rechtes Handeln, Rechter Lebenserwerb, Rechte Anstrengung, Rechte Achtsamkeit, Rechte Sammlung. Mit anderen Worten: Der Weg, der aus dem Leiden führt, ist unsere gut angeleitete, ständig ausgeübte Praxis.

Unter diesem Aspekt können wir uns dem erschreckenden Satz »Alles ist Leiden« furchtlos nähern.

Wir alle wissen, was Leiden ist. Es hat viele Ausdrucksformen, von der großen Katastrophe bis zur fast unbemerkten kleinen Verstimmung im Alltag. Leiden kommt als die schwarze Wolke, die plötzlich unseren Geist verdunkelt; es zieht als brennender Schmerz in unser Herz. Wenn wir wütend, ängstlich, eifersüchtig, neidisch sind – dann leiden wir. Wenn wir misstrauisch sind, uns vor anderen verschließen, uns in Rachegedanken verlieren – dann leiden wir. Wenn wir uns auf einen Besuch, ein Ereignis, einen Erfolg gefreut haben und Besuch, Ereignis und Erfolg nicht eintreten – dann leiden wir. Aber auch wenn sie eingetreten sind und wir uns freuen, dass sie da sind – dann leiden wir, wenn uns Besuch, Ereignis und Erfolg wieder verlassen. Wir leiden unter Betrug und Verrat und leiden, wenn wir andere betrügen und verraten. Wir leiden unter körperlichen und geistigen Schmerzen aller Art und unter den zahlreichen Verlusten, die vorweggenommene Tode sind. Und alles, wirklich alles in unserem Leben wird vergehen. Leben *ist* unablässige Wandlung, ist der unaufhörliche Kreislauf von Geburt und Tod. Veränderung und Verlust aber sind ihrem Wesen nach kein Leiden; es ist unser Anklammern an das Gewohnte und an unsere Vorstellung von Glück, das uns – wenn die Umstände dem nicht entsprechen – leiden lässt.

Ich behaupte, dass Menschen, die entschlossen jahre- und jahrzehntelang Zen praktizieren, dies ausschließlich tun, weil sie leiden, ob ihnen das bewusst ist oder nicht. Welchen Grund sonst sollten sie haben, sich schweigend und bewegungslos auf ein Kissen zu setzen und den inneren Dämonen ins Auge zu schauen? Es muss in ihnen etwas geben, das die üblichen Ablenkungsmanöver, die Menschen sich so ausdenken, nicht zulässt. Etwas in ihnen verbietet das Ausweichen, das Davonlaufen, das Leugnen. Vielleicht haben sie das Davonlaufen schon ein Leben lang geübt und wissen, dass es für sie nicht funktioniert. Sie leiden immer noch. Sie kapitulieren. Sie setzen sich auf ein Kissen, schauen an die Wand und beschließen, bewusst oder unbewusst: Ich will den Weg aus dem Leiden finden.

Und das ist ein bewundernswerter und mutiger Entschluss. Wie mutig er ist, wissen sie noch gar nicht, wenn sie da zum ersten Mal in einem *zendo* oder zu Hause in der Zimmerecke sitzen. Sie werden Dinge über sich erfahren, von denen sie sich nichts träumen ließen; sie werden sich tapfer voranarbeiten müssen durch diese Masse namens Leiden. Sie werden (hoffentlich) gute Wegbegleiter haben und dennoch immer wieder einmal, schlotternd vor Furcht, ihren Entschluss in Frage stellen. Das alles gehört dazu, wenn wir es wagen, in unser Leiden tief hineinzuschauen.

Viele Freundinnen und Freunde haben mir im Lauf der Jahre ihre Geschichten anvertraut. Ich habe gehört, wie sie als Kinder von Vätern und Onkeln sexuell missbraucht wurden, wie sie als Frauen überfallen und vergewaltigt wurden. Ich habe gehört, wie Frauen aus scheinbar völlig vernünftigen Gründen ihre Kinder abgetrieben haben, manchmal eines nach dem anderen. Ich habe von einer Mutter gehört, wie ihr Mann das gemeinsame Kind auf die glühende Herdplatte geschleudert hat. Männer haben mir erzählt, wie sie als Kinder halbtot geschlagen, in Keller gesperrt, bespuckt und verhöhnt wurden. Ein amerikanischer Vietnam-Veteran hat mir geschildert, wie er Sprengstoff in Brot versteckt und zugesehen hat, wie das Brot ein hungriges vietnamesisches Kind mittendurch gerissen hat. Ich habe von einem Mörder die Geschichte von Missbrauch, Hass und Rache gehört und begriffen, dass es eine Grenze gibt, hinter der ein Mensch zum Messer greifen und einen anderen töten kann. Ich habe mit Menschen gesprochen, denen ein Selbstmordversuch missglückt war, und die mit unbeugsamer Entschlossenheit wussten, der nächste würde gelingen. Ich habe Nächte mit Menschen durchwacht, deren Leben erschüttert wurde vom Selbstmord von Mutter, Partner und Kind. Ich habe bei einem Mann gesessen, der soeben erfahren hatte, dass man im Schrank seines Sohnes zwei in kleine Teile zersägte Leichen gefunden hatte. Ich habe den Schmerz meiner jüdischen Freunde geteilt, deren Angehörige in Auschwitz und Mauthausen ermordet wurden.

Wir sind, wenn wir solches erlebt haben, geprägt und können nicht mehr naiv und fröhlich-unbedarft dahinleben. Jeder von uns hat die eine oder andere Einweihung in die Grausamkeit des Lebens erhalten – aber müssen wir darunter leiden? Leiden ist das, was wir aus dem Schmerz machen, und Leiden ist ein Zeitproblem: Wir spinnen um den Schmerz herum eine Geschichte, und solche Geschichten haben die Eigenschaft, unendlich zu sein. »Da hat er zu mir gesagt, und dann habe ich gesagt, ...« Das ist eine Geschichte. Wir lieben solche Geschichten, denn wir vermeiden es damit erfolgreich, uns mit dem auseinander zu setzen, was wirklich weh tut: dem realen Schmerz. Diesen Schmerz können wir – auch wenn er vor vierzig Jahren in uns gepflanzt wurde – nur im Hier und Jetzt, in *diesem Augenblick* berühren. Mit dem Spinnen unserer Geschichten, die sich mit der furchtbaren Vergangenheit und der vielleicht noch schrecklicheren Zukunft befassen, verpassen wir aber gerade diesen Augenblick.

Vielleicht sind Sie als Kind von Ihrem Vater verlassen worden. Sie malen sich immer wieder die Szene aus, wie er zur Tür hinausgegangen ist, und Sie können sich endlosen Träumen hingeben über die Chancen, die Sie gehabt hätten, wäre er bei seiner Familie geblieben. Sie leiden, ohne Zweifel. Und Sie versäumen, das Einzige zu tun, was Ihr Leiden beenden würde: Den kleinen verlassenen Jungen oder das kleine verlassene Mädchen in Ihnen mit all Ihrer Achtsamkeit und Liebe in den Arm zu nehmen und seinen wilden Schmerz zu spüren. Jetzt! Hier! Das Leiden zu beenden heißt paradoxerweise, in unseren tiefsten Schmerz hineinzugehen, und das können wir nur tun, wenn wir Mitgefühl mit uns selbst haben.

Nur wenn unser Herz zu einem offenen, weiten Raum geworden ist, können wir unseren Schmerz erleben und aushalten. Jahrelang haben wir ihn eingesperrt und mit Aktivitäten überlagert. Hier, auf unserem Kissen vor der weißen Wand, können wir ihm nicht mehr ausweichen. Er erhebt seine Stimme, und unsere Bereitschaft, ihm vorbehaltlos zuzuhören, ist der erste Schritt auf dem Weg unserer Heilung. Mit unserer ganzen Achtsamkeit nähern wir uns behutsam dieser dunklen Masse Schmerz und berühren – sanft und in unserem eigenen Tempo – das, was noch nie berührt wurde und jetzt zu wildem Leben erwacht. Und doch ist dieser Schmerz ein Grund zur Freude, auch wenn wir selbst das noch nicht begreifen. Es ist, als hätten wir unsere Hände in Schnee vergraben und hielten sie über ein wärmendes Feuer: Das Leben kehrt in das Eingefrorene zurück als Schmerz.

Wenn wir unser Herz auf diese Weise weit gemacht haben, kommt gleich der nächste Schock: Wir sind sensibel geworden für all die Schmerzen, die in der Welt sind. Da verhungern auf anderen Kontinenten Kinder, ganze Volksstämme werden ausgerottet, Bomben werden geworfen. Was sollen wir tun? Müssen wir erst »erwachen«, bevor unsere Handlungen in der Welt wertvoll sind, müssen wir erst vollständig »geheilt« und ganz sein?

Wir als Zen-Schüler sitzen also mit unserem wilden Schmerz und unserer Hilflosigkeit auf dem Kissen und geloben, alle Lebewesen zu retten.

Ich hatte dieses Gelöbnis – es gehörte zum täglichen Ritual in der Schule, in der ich damals praktizierte – schon Dutzende von Malen rezitiert, als ich eines Morgens bis in die Tiefen erschrak. Was gelobte ich da eigentlich? *Alle* Wesen zu retten? *Ich???!*

Aufgeregt ging ich zu Roshi und sagte: Das kann ich nicht geloben! Schließlich habe ich mich zur Wahrhaftigkeit verpflichtet, und das ist unrealistisch: Ich kann nicht alle Wesen retten!

Roshi sah mich an und sagte ruhig: Du gelobst es einfach. Es wirkt.

Wenn wir uns aufrichtig unserem Schmerz stellen, mit aller Furcht und Ehrfurcht, die er verlangt, und das nicht nur fünf oder zehn Mal, sondern ein Leben lang immer wieder, in jedem erforderlichen Moment aufs Neue – dann geschieht etwas mit uns. Wir haben in unserem Herzen einen weiten Raum geschaffen. In dem Raum hat auf einmal vieles Platz. Ist da nicht der Schmerz unserer Mutter in uns, den wir vorher nie wahrgenommen hatten? Unser Nachbar, der im Rollstuhl sitzt – hat er nicht heute einen leidenden Ausdruck? In der Zeitung sehen wir das Bild einer Katze, der Sonden in Ohren und Augen stecken, weil eine Kosmetikfirma ihre Gesichtscreme testen will. Das Fernsehen zeigt Erdbebentote, Minenopfer, Leichenteile zwischen Flugzeugwracks. Es ist, als hätten wir eine Tür geöffnet. Indem wir unserem Schmerz erlauben, in uns zu leben, haben wir anscheinend die Schmerzen der ganzen Welt eingeladen, sich in unserem Herzen niederzulassen. Das werden wir vielleicht als ziemlich lästig empfinden, als doppelt schmerzhaft, als ungerecht. Aber geschehen ist geschehen: Ein weites Herz kann nicht mehr ohne weiteres geschlossen werden.

Und nicht nur der reale Schmerz ist in uns, auch das Leiden der Menschen, und das ist vielleicht das Schmerzhafteste. Wir hören auf einmal die Wehklagen der ganzen Welt in uns, empfinden das Anklammern mancher Menschen an negativen Umständen wie eine Fessel und werden unglücklich, weil so viele Menschen um uns herum ihre Geisteszustände nicht als unheilsam erkennen und deshalb unglücklich sind.

Das Mitgefühl für uns selbst und unseren Schmerz hat uns geöffnet für die Erfahrung von »Intersein«, dem wechselseitigen Durchdrungensein alles Seienden. Es scheint nicht mehr so wichtig zu sein, wer den Schmerz nun hat; er ist einfach anwesend in dem weiten Raum, den wir vielleicht nicht einmal mehr »mein Herz« nennen müssen, und wir scheinen ihn alle miteinander zu teilen. Da jeder Schmerz und das Leiden so vieler Menschen auf einmal in uns selbst stattfinden, müssen wir uns eingestehen, dass *unser* Schmerz erst dann beendet sein wird, wenn es nicht ein einziges Wesen im Universum mehr gibt, das Schmerz erlebt und leidet.

Also schauen wir uns an, was wir zur Verfügung haben: unseren Mut, unser kleines Wissen, unsere tiefe Erfahrung und unser verletzliches und zartes Herz. Und machen uns mit dieser bescheidenen Ausrüstung auf den Weg, um zu tun, was immer wir tun können.

Wir könnten zum Beispiel einigen Menschen den Unterschied zwischen Schmerz und Leiden zeigen. Wir könnten ihr Leiden lindern, indem wir sie auf die Schönheit in der Welt hinweisen, ihnen einen Blumenstrauß schenken, sie zu einer kleinen Reise einladen. Um ihren Schmerz zu lindern, sammeln wir vielleicht Geld, eröffnen eine Suppenküche, helfen in Katastrophengebieten. Oft wird das Einzige, was wir geben können, unsere Präsenz sein: unser tiefes Zuhören, unser Mitfühlen, unser Verständnis. Wer aber hilft hier wem, wenn der Schmerz der »anderen Menschen« gleichzeitig unser Schmerz ist? Helfe ich mir selbst, indem ich etwas »für andere« tue? Helfen »die anderen« mir, wenn sie etwas »für sich« tun? Sind diese Fragen von irgendeiner Wichtigkeit?

Es gibt einen Punkt in der Praxis, an dem es nur noch Schmerz gibt, der durch uns alle hindurchzieht, die Schlösser vor unseren Herzen sprengt und uns die Masken vom Gesicht reißt. Wir erfahren, dass es niemanden gibt, der »hilft«, und keinen, der »empfängt«. Wir teilen einfach den Raum des Schmerzes miteinander, nicht mehr, aber auch nicht weniger.

Das ist der Beginn des Pfades, auf dem ein Bodhisattva entsteht.

Ein Bodhisattva ist ein erwachtes Wesen, das es sich zur Aufgabe gemacht hat, anderen das Erwachen zu ermöglichen. Ein Bodhisattva ist entschlossen, »alle Wesen zu retten«. Er hat es irgendwann gelobt, und das Gelöbnis wirkt. Der Entschluss hat die nötige Kraft erzeugt, die er braucht, um zu tun, was immer er tun kann. Er macht sich auf, den Schmerz und das Leiden in der Welt zu lindern. Er tut es, ohne einen Gedanken an die Größe seines Tuns zu verschwenden. Er handelt, als handle nicht er, sondern eine größere Kraft durch ihn. Er hilft und empfindet sich doch nicht als Helfender. Seine größte Tat aber ist es, sich selbst vom Leiden befreit zu haben in seiner unablässigen Übung.

Die Sinnestore bewachen

Durch unsere Sinne lassen wir die Welt in uns herein, und die Welt ist, wie wir wissen, nicht immer »schön«. Eine intelligente Praxis also muss sich von Anfang an mit dem befassen, was wir täglich alles so anschauen, anhören, anfassen, schmecken und riechen.

Der Buddha benutzte für unseren Umgang mit den Sinnen ein ziemlich drastisches Gleichnis. Stellt euch eine Kuh vor, sagte er zu seinen Mönchen, deren Haut völlig abgeschürft ist. Wenn die Kuh an der Wand steht, werden alle Kreaturen, die in der

Wand leben, an ihr nagen. Wenn sie an einem Baum steht, werden alle Kreaturen, die im Baum leben, an ihr nagen. Wenn sie im Wasser steht, werden alle Kreaturen, die im Wasser leben, an ihr nagen. Wenn sie auf dem offenen Land steht, werden alle Kreaturen, die in der Luft leben, an ihr nagen.

Die Kuh mit der abgeschürften Haut sind wir, wenn unsere Sinne weit offen stehen. Die Welt in all ihren Formen dringt widerstandslos in uns ein und »nagt« an uns. Sinneseindrücke aber sind es, die zu Gefühlen führen, und deshalb spricht der Buddha von ihnen auch als »Nahrung«: Was durch die Sinne hereinkommt, füttert unser Gefühl. In jedem Augenblick nehmen wir diese Nahrung zu uns. Wir müssen uns also fragen: Ist sie heilend oder ist sie Gift?

Nehmen wir an, wir wollen im Kaufhaus eine Pfanne kaufen, weil sie gerade im Sonderangebot ist. Wir betreten das Haus durch die Schwingtür, und abgestandene Luft empfängt uns. Es riecht nach Schweiß und diversen Parfums, denn die Kosmetikabteilung ist rechter Hand. Links gibt es Uhren, da tickt und rasselt es. Aus unsichtbaren Lautsprechern säuselt Musik, die plötzlich unterbrochen wird von einem Gong, woraufhin eine weibliche Stimme uns auffordert, im Restaurant im vierten Stock das Hähnchencurry »Bombay« zum Preis von sechs Euro neunzig einzunehmen. Die Rolltreppe knarzt, die Menschen reden, die Lüftungsanlage pfeift. Im Basement müssen wir uns durch die Abteilung mit Porzellan und Gläsern arbeiten, vorbei an Eierbechern und Blumenvasen. Uns fällt ein, dass wir schon immer eine Rosenvase kaufen wollten; wir schwenken nach links und finden uns an einem Stand mit Gemüsehobeln wieder. Einen Gemüsehobel könnten wir brauchen. Wir werden vom Verkäufer mit Worten bombardiert, die Kassen klingeln, die Lautsprecher dudeln, dem Gongschlag folgt ein Angebot an Bettwäsche in Übergröße.

Wir können von Glück sagen, wenn wir eine halbe Stunde später mit der Pfanne und nichts als der Pfanne wieder ins Freie treten.

Wenn wir unsere Sinnestore nicht sorgfältig bewachen, werden die »Kreaturen« der Welt sich auf uns stürzen und an uns nagen: all die Eierbecher und Gemüsehobel, die Bettlaken in Übergröße, die verführerischen Worte, die schmeichelnden Stimmen all der Menschen in unserem Leben, die etwas von uns wollen. Kein Wunder, dass wir nervös sind. Menschen, die permanent mit Sinneseindrücken bombardiert werden, müssen sich irgendwann verschließen. Sie verstopfen ihre Ohren, verriegeln ihren Blick und lassen sich aus Überforderung nicht mehr auf das feine Spüren, Tasten und Lauschen ein.

Das Verschließen der Sinnestore aber ist der Tod jedes Künstlers. Eine Schriftstellerin muss alle ihre Sinne gebrauchen, um durch ihre Darstellung die Sinne der Leser anzusprechen: sie riechen zu lassen, was gerochen werden will; sie sehen zu lassen, was gesehen werden will. Ein Bildhauer und ein Maler brauchen ihren Tastsinn und ihre Augen, um ihre Arbeit zu tun: Was soll ein Betrachter sehen und spüren, wenn die Schöpfer selbst nichts sehen und spüren? Auch als Künstler des Lebens können wir es uns nicht leisten, unsere Sinne zu verschließen. Was also tun wir, wenn wir nicht unser Leben in der Einöde verbringen wollen, um Zwiesprache zu halten mit Reh und Baum? Wir alle brauchen hin und wieder eine Pfanne, und auch die Stimmen unserer Freunde, Nachbarn und Bekannten wollen wir nicht aus unserem Leben verbannen.

Ich möchte nicht verschweigen, dass eine Wirkung der Zen-Praxis darin besteht, uns die Haut vom Körper zu ziehen. Das hat zur Folge, dass wir für eine geraume Zeit unsere Umwelt der neuen Hautlosigkeit anpassen müssen.

Ich kenne Zen-Schüler, die nach kurzer Zeit der Praxis ihren Fernseher abgemeldet haben. Andere konnten ihr Lieblings-Café nicht mehr besuchen, weil dort der Lärmpegel zu hoch war. Ich hängte sämtliche Bilder in meiner Wohnung ab und begann, ein Leben in Schwarz und Weiß zu führen: Farbe tat auf einmal meinen Augen weh.

All dies sind Folgen einer tief gehenden Reinigung, die einsetzt, wenn wir mit der Zen-Praxis beginnen. Wir reinigen uns von Eindrücken, die sich seit Jahren in uns angesammelt haben, und instinktiv weigern wir uns, den freien Raum, der so entsteht, mit neuen Eindrücken zu füllen. Diese Phase ist notwendig und wird nicht ewig anhalten. Wir brauchen nicht zu befürchten, aus dem sozialen Zusammenhang zu fallen, wenn wir stetig weiterüben. Im Gegenteil wird uns die Praxis zu einer wahren Stabilität verhelfen und unseren Zustand davor als das enthüllen, was er war: Stumpfheit und Dickhäutigkeit als Abwehr gegen die Zumutungen der Welt.

Im Zen gilt das Denken als eine Tätigkeit der Sinne. Auch das, was wir den ganzen Tag lang so vor uns hindenken, kann uns enorm beschmutzen. Ein kluger Zen-Praktizierender entscheidet in jedem Augenblick selbst, welchen Sinneseindruck er einladen will. Wir können uns Fragen stellen wie: Will ich mir jetzt über meine ungeklärte Zukunft Sorgen machen? Ist dieser Film jetzt der richtige für mich? Kann ich heute in den Supermarkt gehen, oder tut mir der Kramladen an der Ecke gut? Kann ich mir den Besuch bei der Freundin, die pausenlos redet, leisten? Oder rufe ich sie lieber an und bestimme selbst die Länge des Gesprächs?

Wir dürfen nicht vergessen: Es sind die Sinneseindrücke, die zu Gefühlen führen. Wenn wir auf einmal wütend sind, traurig oder ängstlich, dann ist die »Nahrung«, die wir eingenommen haben, dafür verantwortlich. Einem unangenehmen Gefühl die Nahrung zu entziehen, ist immer ein guter Weg, es auf sanfte und beiläufige Weise zu verwandeln.

Trommelt ein Gefühl auf Ihrem Herzen?

Zen führt zum Erwachen. Ich glaube, dass jeder von uns erwacht sein will, ob er das weiß oder nicht. Mir scheint, dass all unsere verzweifelten Versuche, »glücklich« zu sein, im Grunde dieser einen Sehnsucht entspringen: Wir wollen unser tiefstes Potential als menschliche Wesen entfalten, unsere Herzen öffnen und frei wie die Wolken und der Wind durchs Leben gehen. Wir wollen die Mauern zwischen uns und der Welt niederreißen und erkennen, wer wir in Wirklichkeit sind. Unsere Übung, achtsam zu gehen und zu sitzen, zu atmen und zum Augenblick zurückzukehren, dient genau diesem Zweck. Gleichzeitig aber müssen wir uns mit dem befassen, was *zwischen* uns und dem Erwachen steht, dem, was uns daran hindert, die oder der zu sein, der wir sind. Eine gute Zen-Praxis wird im Lauf der Zeit das Unterste zuoberst kehren. Es darf in uns nichts mehr geben, dessen wir uns nicht bewusst sind. Auf dem Zen-Weg lernen wir uns kennen bis in die feinsten Regungen hinein. Die Regungen, die Menschen im Allgemeinen am meisten zu schaffen machen, sind die Gefühle.

Ich habe beobachtet, dass in westlichen buddhistischen Kreisen viel Verwirrung darüber herrscht, wie wir mit unseren Gefühlen umgehen sollen. Gefühle haben die lästige Angewohnheit, sich, kaum haben wir uns im Augenblick niedergelassen, geradezu hämisch bemerkbar zu machen. Wir haben einen Moment der inneren Stille erreicht, Frieden beginnt sich auszubreiten, unser Atem ist tief im Bauchraum angekommen – und schon ist ein (zumeist unangenehmes) Gefühl in die Lücke geschlüpft, als hätte es nur auf sie gewartet. Ich kenne Schüler des Zen, die der Meinung sind, am besten sei es, keine Gefühle zu haben. In jahrelanger Arbeit haben sie sich eine Art milder oder harter Unberührtheit anerzogen. Scheinbar nichts kann sie aus der Ruhe bringen, und einen Ausbruch von Freude wird man vergeblich von ihnen erwarten. Sind sie wirklich gegründet in der Gelassenheit, oder umweht sie nicht eher die kühle Luft der Gleichgültigkeit?

Im Buddhismus sprechen wir von drei Arten von Gefühlen: angenehmen, unangenehmen und neutralen. Der erste Schritt beim Auftreten eines Gefühls besteht also darin, herauszufinden, um welche Art es sich handelt. Die größten Probleme werden wir am Anfang mit den unangenehmen Gefühlen haben, denn wir brauchen viele Jahre der Praxis, um zu sehen, dass auch die angenehmen ihre Tücken haben.

Wie entstehen Gefühle? Schauen wir uns das einmal näher an. Ich habe einen Sinnes-Eindruck (Mein Freund steht an der Straßenecke und lacht mit einer unbekannten Frau). Aus dem Eindruck entsteht ein Gedanke (Er betrügt mich!!), dem Gedanken folgt ein Gefühl (Eifersucht). Das Gefühl kann ich wiederum verstärken durch Gedanken (Er hat mich seit Monaten betrogen!).

Dann gibt es den Fall, dass wir morgens aufwachen »mit so einem komischen Gefühl im Bauch«. Dann müssen wir uns hinsetzen und herausfinden, was dieses Gefühl hervorgerufen hat. Was ist gestern, vorgestern, heute Nacht im Traum geschehen, gedacht worden, uns begegnet? Gefühle haben immer Gründe, sie entstehen nicht aus dem Nichts; allerdings werden wir gelegentlich herausfinden, dass sie auf Grund von falscher Wahrnehmung entstanden sind. Das heißt, dass wir unsere falsche durch eine korrekte Wahrnehmung ersetzen sollten; das heißt aber nicht, dass wir das Gefühl jetzt »loswerden« müssen. Es wird sich von alleine verwandeln.

Der nächste Schritt besteht darin, mit den Gefühlen umzugehen, und dafür gibt es zahlreiche Praxisanweisungen. Die Menschen sind verschieden, und nicht jede Anweisung passt für jeden. Auf dem Zen-Weg wird die Warnung ausgesprochen, sich nicht mit den Gefühlen zu identifizieren. Ihre verführerische Qualität verleitet uns nur allzu leicht dazu zu glauben, wir *wären* das, was wir fühlen. Wir sind aber unendlich viel mehr, und dieses Mehr wollen wir kennen lernen. Andererseits gehören Gefühle wesentlich zu unserem Menschsein. Wie nun finden wir die subtile Balance einer Haltung, die irgendwo zwischen Identifikation und Unterdrückung liegt? Eine Haltung, die uns hier weiterhilft, ist die Neugier.

Was ist ein Gefühl? Oh, das weiß ich, werden Sie sagen. Traurigkeit ist ein Gefühl, Angst ein anderes, Wut, Eifersucht ... Ja, aber *was* ist es? Hat Ihre Angst eine Substanz, können Sie sie anfassen? Riecht Ihre Traurigkeit, kann man sie schmecken, ist sie kalt oder warm? Wo sitzt Ihre Wut in Ihrem Körper (wenn Sie sie »haben«, muss sie ja irgendwo sein)? Oder wandert sie in Ihnen auf und ab, und womit (hat sie Füße?)? Steigt oder schwebt Ihr Gefühl in Ihnen herum, hat es sich im linken Knie eingenistet oder hinter dem rechten Auge? Ist es schwer wie ein Stein, leicht wie eine Feder, klopft es auf Ihren Knochen herum (und womit?), trommelt es auf Ihrem Herzen oder zupft es Sie am Ärmel, und was will es damit sagen?

Künstler sind unendlich neugierig, und das müssen sie auch sein. Wie soll eine Schriftstellerin einen authentischen Menschen auf Papier erschaffen, wenn sie nicht weiß, welches Gefühl in welchem Augenblick wo in seinem Körper sitzt? Um das wiederum nachvollziehen zu können, muss sie ihre eigenen Gefühle gründlich beobachtet haben. Wie können Sie einem Freund in seinem Gefühlswirrwarr beistehen, wenn Sie nicht einmal wissen, dass sich Ihre Traurigkeit gestern Abend in Ihrem Hals niedergelassen hat und der Grund für Ihre Heiserkeit war? Neugier auf uns selbst beinhaltet grenzenloses Interesse. Wie funktioniere ich? Wie reagiere ich? *Wer bin ich wirklich?* Das sind Fragen, die das Zen stellt.

Grenzenloses Interesse öffnet Türen. Ein Mensch, der sich für uns interessiert, ist immer willkommen. Ihm zeigen wir uns unverstellt. Ihm erzählen wir Dinge, die wir vielleicht noch nicht einmal uns selbst erzählt haben. Ihre Gefühle können Ihnen erstaunliche Dinge über sich selbst erzählen, Sie müssen ihnen nur zuhören. Heißen Sie jedes Gefühl, auch das unangenehmste, willkommen als guten alten Freund. Seien wir ehrlich: Die Palette der Gefühle ist begrenzt, und wenn wir jenseits der Dreißig sind, haben wir alle schon einmal erfahren. Da steigt also wieder das vertraute Misstrauen auf, das mich noch immer nicht verlassen hat. Wir werden uns noch eine ganze Weile begegnen, mein Misstrauen und ich. Leute, mit denen man leben muss, sollte man höflich behandeln, man muss ja nicht jeden Tag Tee mit ihnen trinken. Ein kleines Gespräch wirkt oft Wunder: Guten Morgen, mein Misstrauen, hast du gut geschlafen? Danke, ich auch. Dann wollen wir uns mal miteinander an die Arbeit machen, du und ich.

Das Problem sind nicht die Gefühle, sondern unsere Identifikation mit ihnen. Wenn wir Abstand von ihnen nehmen, achtsam atmen und tief schauen, erkennen wir sie als das, was sie sind: Energie, die entsteht, sich verdichtet und wieder auflöst. Wir haben gelernt, diese Energie mit Substantiva zu benennen, und deshalb glauben wir, es handele sich um unveränderliche Dinge. Wir nennen unsere Gefühle »Traurigkeit«, »Eifersucht«, »Wut«. Aber auch, wenn wir sagen »Ich bin wütend«, kommen wir der Wirklichkeit nicht näher. Denn wer ist dieses »Ich«, und in welcher Beziehung steht es zur Wut? Wir werden von unserem Sprachgebrauch konditioniert, der für das, was tatsächlich geschieht, keinen angemessenen Ausdruck kennt. Wenn wir die Natur unserer Gefühle erkannt hätten, müssten wir eine völlig neue Sprache erfinden. Wir müssten vielleicht sagen: *Wüten ereignet sich … Neiden ballt sich zusammen … Sichfreuen springt auf, leuchtet und erlischt …*. In einem unablässigen Strom durchziehen uns Gefühle, und wir selbst sind der weite Raum, in dem sie sich ereignen.

Mit der Wut einen Tango tanzen

Wut kann viele Grade erreichen, von lauwarm bis kochend heiß. Ihre offensichtlichste Form ist die des Zorns. Aber sie kommt auch in versteckter Form daher, und wir müssen tief in sie hineinsehen, um ihre Masken zu durchschauen. In unserem lähmenden Kummer, der uns lust- und energielos werden lässt, kann sich Wut verbergen. Angst kann unerkannte Wut enthalten. Hinter unserer automatisch angeknipsten Liebenswürdigkeit in Situationen, die eher nach einem deutlichen Wort verlangen, kann sich unausgedrückte Wut verbergen. Zersetzende Kritik und heftiger Neid enthalten Wut, und eine Depression kann durchaus eine nach innen gewandte Aggression sein.

Wir tun uns schwer damit, unsere Wut anzuerkennen, weil wir nicht gelernt haben, auf heilsame Weise mit ihr umzugehen. Deshalb verkleiden wir sie – und das ist zumeist ein unbewusster Vorgang – mit Verhaltensweisen, die wir für akzeptabel halten. Wir analysieren, argumentieren, kritisieren oder ziehen uns trotzig in uns selbst zurück.

Wenn wir den Mut haben, die Masken zu entfernen und uns mit dem wahren Wesen der Wut zu befassen, werden wir eine Entdeckung machen: Die Wut ist selbst eine Maske. Hinter unserer Wut stecken unausgedrückte Wünsche, Bedürfnisse und Gefühle. Unsere Unfähigkeit, berechtigte Ansprüche durchzusetzen, verkleidet sich als Wut. Unser Gefühl, ungerecht behandelt, übergangen und verkannt zu werden, äußert sich als Wut. Unser Stolz und das Gefühl, Recht zu haben, zeigt sich als Wut. Unsere unausgedrückte Liebe, Zärtlichkeit und Sorge für andere nimmt manchmal die Form von Wut an: Wir halten unsere Liebesgefühle zurück, weil wir Angst haben, mit ihnen zurückgewiesen zu werden, und irgendwann entladen sie sich als Wut. Wir umgeben unser zartes Herz mit einer klirrenden Rüstung, um es zu schützen. Das Traurige daran ist, dass wir mit dieser Rüstung gerade das abwehren, wonach wir uns sehnen.

Das Zen fordert uns dazu auf, die Maske der Wut zu durchschauen und uns mit dem zu befassen, was dahinter liegt – und das ist immer irgendeine Form von Schmerz.

Wie nun tun wir das, wenn die Wut uns fest in ihrem Griff hat und all diese Hinweise hier nach nichts als schönen Sätzen klingen, die vielleicht für andere, aber nicht für uns und bestimmt nicht in diesem Moment Gültigkeit haben?

Können wir *Wüten ereignet sich* als das erleben, was es ist: heiße, lodernde Energie in unserem Geist und unseren Eingeweiden? Können wir, ein Topf mit brodelndem Inhalt, auf dem Kissen (dem Stuhl im Speisesaal, unserem Platz in der Konferenz) sitzen bleiben, ohne aufzuspringen und dem vermeintlichen Verursacher unserer Wut an den Kragen zu gehen? Können wir sehen, dass wir selbst mit unserer Geschichte und unseren daraus erwachsenen konditionierten Reaktionen den Haken geliefert haben, an dem ein äußeres Ereignis sich aufgehängt hat? Können wir das Feuer aushalten, ohne uns abzulenken, zu beschuldigen, zu rechtfertigen oder »bessern« zu wollen?

Können wir mit der Wut einen Tango tanzen?

Wut ist ein raffinierter Verführer. Wir möchten uns ihm hingeben, uns ganz und gar von ihm erobern lassen. Ach, wir haben es satt, vernünftig zu sein, klug, abwägend, sozial. Jemand oder etwas macht uns ein anderes Angebot – hatten wir uns nicht schon lange nach dieser wilden Unvernunft gesehnt? Wir möchten uns einmal gehen lassen, einmal in Ekstase fallen (die Tassen an die Wand werfen, den Nachbarn zusammenbrüllen). Aber wir wissen, wie das ist, wenn wir einem Verführer nachgegeben haben: Auf den kurzen Rausch folgt der lange Katzenjammer. Wir haben Porzellan zerschlagen, der Neukauf kommt uns teuer zu stehen, und wir können von Glück sagen, wenn der Preis, den wir zu zahlen haben, nur in Geld besteht.

Ein argentinischer Tangolehrer fasste einmal die Kunst, den Tango zu tanzen, in einem Satz zusammen: »Steh aufrecht, umarme deinen Partner und geh …«. Das Geheimnis eines gelungenen Tangos ist die *Haltung*, die beide Partner einnehmen: Jeder von beiden muss für seine eigene Stabilität und die perfekte Balance des Körpers sorgen. Können wir aufrecht stehen, unsere Wut umarmen und mit ihr den Tanz wagen, in dem erotische Energie erzeugt wird und zwei Kräfte sich miteinander messen?

Früher klopften die Menschen ihre Teppiche aus, wenn sie wütend waren; im Zeitalter der Teppichböden und Staubsauger bleibt uns diese »Lösung« verwehrt. Sie könnten natürlich auch joggen. Beide Verfahren aber haben einen Nachteil: Sie wollen die Wut *beseitigen*, um den Menschen wieder zu einem reibungslos funktionierenden Wesen zu machen.

Das Zen geht da viel weiter: Es fordert uns dazu heraus, die Wut kennen zu lernen und schöpferisch mit ihr zu arbeiten. Die Wut, mit der wir zu tanzen gelernt haben, ist unser Partner. Und wie beim Tango gibt es keinen, der »führt« – es gibt nur den Schritt nach vorn, den Schritt zurück und den zur Seite. In perfekter Balance und aufrechter Haltung. Es gibt unsere Konzentration, unseren Atem und den Kontakt unserer Füße mit dem Parkett. Es gibt unsere Wachheit und Präsenz in jedem Augenblick, denn wenn wir nicht aufpassen, übernimmt unser Partner die Führung, und dann tanzen wir keinen Tango mehr. Und gleichzeitig wissen wir, dass es bei unserem Tanz nicht um Sieg oder Niederlage geht, sondern allein um das Tanzen.

Vom schwächenden und stärkenden Zweifel

Sie haben sich eine Weile mit Zen befasst, und jetzt kommen Ihnen Zweifel. Sie fragen sich, ob das überhaupt die richtige Übung für Sie ist und ob die Leute in diesem Zentrum nicht alle Heuchler sind. Sie wissen nicht mehr so genau, warum Sie eigentlich mit der Übung angefangen haben und warum Sie damit weitermachen, wo jeder Ihnen erzählt, es gebe auf diesem Weg nichts zu erreichen. Die Qualität Ihrer Praxis erscheint Ihnen ohnehin fragwürdig: Noch immer geraten Sie in Wut, noch immer üben Sie Kontrolle aus, und manchmal ziehen die altvertrauten Wolken der Depression durch Ihren Geist. Sie haben zu zweifeln begonnen.

Das ist gut, denn Zweifel ist eine Glocke der Achtsamkeit. Als Erstes sollten Sie herausfinden, um welche Art Zweifel es sich handelt: um den stärkenden Zweifel oder den schwächenden. Die erste Art Zweifel weckt uns auf. Die zweite raubt uns Kraft.

Der Zweifel ist, wenn er stärkt, das Licht, das wir auf eine Sache werfen, um sie schärfer zu beleuchten. Die Malerin, die vor dem fast vollendeten Gemälde steht und sich fragt, ob sie nicht doch das Gelb etwas zurücknehmen sollte, benutzt den stärkenden Zweifel. Der Schauspieler, der einen stimmigen Ausdruck für eine Szene gefunden zu haben glaubt und ihn am Tag vor der Premiere für einen besseren verwirft, bedient sich der Kraft des stärkenden Zweifels. Der stärkende Zweifel fordert uns dazu heraus, tiefer zu schauen, weiter zu gehen, wacher zu werden. Er bringt uns dazu, die Deckel von verschlossenen Schachteln zu heben, das Kleingedruckte vor der Unterschrift zu lesen und die Sensation des Tages in ihre Bestandteile zu zerlegen, wonach sie sich zumeist als heiße Luft erweist. Der stärkende Zweifel schenkt nicht den Worten eines Menschen Glauben, sondern erspürt dessen Stimmung und wahre Gesinnung aus Gesten und winzigen Andeutungen. Der stärkende Zweifel fragt nach, besteht auf etwas, gibt sich nicht mit schnellen Lösungen zufrieden. Er erhellt die dunkelsten Ecken, und das sind zumeist die, in denen wir und andere unser Gerümpel zu verstecken pflegen. Das macht den stärkenden Zweifel unbequem.

Wenn wir an der Oberfläche welcher Gewissheit auch immer kratzen und plötzlich der Putz zu bröckeln beginnt, der Boden wankt und Erkenntnisse, die wir nicht gesucht haben und bestimmt nicht mögen werden, uns hinterrücks überfallen – dann können wir sicher sein, dass der stärkende Zweifel am Werk ist. Wir dürfen uns beglückwünschen: Bevor etwas Neues entstehen kann, muss das Alte zusammenbrechen. Der stärkende Zweifel mag uns Aufregung bescheren, Unsicherheit und neuen Zweifel, aber er führt uns immer in größere Lebendigkeit und unsere eigene Wahrheit.

Der schwächende Zweifel dagegen lähmt. Er hindert uns daran, die einfachsten Handlungen zu begehen und redet uns ein, es habe ja doch keinen Sinn. Der schwächende Zweifel ist kein klares Licht, sondern ein schleichendes Gift. Er nagt an unserem Selbstvertrauen, dem Gefühl für unseren Wert, und sein Kennzeichen ist es, den Glanz des Augenblicks mit dichtem Nebel zu verhüllen. Der stärkende Zweifel stellt Fragen; der schwächende Zweifel macht Feststellungen, die unseren tief verwurzelten Ängsten und unserer Bequemlichkeit entspringen. »Ich halte diese Praxis ohnehin nicht durch«, klagt der schwächende Zweifel. »Die anderen hier sind einfach stärker als ich, ausdauernder, jünger, motivierter.« Der stärkende Zweifel fragt aufmüpfig: »Wie kommt dieser Lehrer dazu zu behaupten, ich sei bereits erleuchtet?« – und macht sich auf, die Antwort zu finden. Der schwächende Zweifel höhnt: »Wir alle sollen erleuchtet sein? Der kennt meinen Onkel Artur nicht!«

Der schwächende Zweifel lässt uns tagelang auf dem Sofa liegen und hält uns in endlosen quälenden Selbstgesprächen fest. Er untergräbt unser Selbstvertrauen, verdunkelt unser Licht, leugnet unseren inneren Wert. Der stärkende Zweifel spricht mit der Stimme unserer inneren Meisterin. Der schwächende Zweifel ist der Widerstand, den unser Ego gegen unsere Arbeit leistet: Es ahnt, dass es – fahren wir mit dieser Zen-Übung fort – früher oder später seine Vormachtstellung aufgeben muss. Da bröckelt kein Putz, da wankt kein Boden, da sind die vermeintlichen Erkenntnisse nichts als Entwertungen. Der schwächende Zweifel scheint Sicherheit zu schenken, aber sie kostet den Preis unserer Verwirklichung.

Sie erkennen den schwächenden Zweifel an dem, was sein Name androht. Wenn Sie sich das nächste Mal müde, lustlos und entwertet fühlen, dann stellen Sie eine gezielte Frage. Zum Beispiel die: »Wie kann diese Autorin behaupten, mein Zweifel käme aus dem Ego?« Stellen Sie die Frage mit aller Entschiedenheit, wenn es möglich ist, sogar mit Empörung. Die Empörung ist eine großartige Glocke der Achtsamkeit: Sie hindert uns definitiv am Einschlafen.

Und dann machen Sie sich auf, die Antwort zu finden.

Kritik und Selbstkritik

Schauspieler, Tänzer und Regisseure befällt am Tag nach der Premiere eine unübersehbare Nervosität. Man sieht sie morgens zum Zeitungskiosk rasen und die Feuilletonseiten der Tageszeitungen aufblättern. Menschen, die monatelang mit großem Einsatz geprobt haben und jeden Abend auf der Bühne ihr Bestes geben, kann die Lektüre weniger Zeilen in Euphorie versetzen oder zu einem Häufchen Elend machen. In den Augen der Welt (und deshalb in ihren eigenen!) hat die Leistung als solche keinen Wert. Legitimiert (oder vernichtet) wird sie durch die *gute* oder *schlechte* Kritik.

Es ist bezeichnend, dass sich in Deutschland hartnäckig der Begriff »Kritik« für etwas hält, das man auch »Besprechung« nennen kann. Bespräche die Person im Zuschauerraum eine Aufführung (von Mensch zu Mensch, auf derselben Ebene), wäre ihr Ton ein anderer: respektvoll, abgewogen, eher fragend als feststellend. Der *Kritiker* aber übt Kritik. Sein Urteil mag vernichtend, gemäßigt oder gut sein – der Inhalt ändert nichts an der Tatsache, dass sich da jemand über einen anderen erhebt.

Dasselbe tun wir jedes Mal, wenn wir einen Menschen kritisieren: Wir verlassen die Ebene der Gleichrangigkeit.

Aber manchmal läuft es zwischen uns nicht so gut. Da hat der andere etwas getan, was mich irritiert oder verletzt hat. Er oder sie hat eine Angewohnheit, die nicht nur ihm selbst, sondern auch seiner Umgebung schadet. Wir alle sitzen in gewisser Weise für jeden anderen im Zuschauerraum, und wir alle stehen für alle anderen auf der hell erleuchteten Bühne. Aus der Distanz können wir am anderen Dinge erkennen, die diesem noch verborgen sind. Was tun wir also als Freunde? Setzen wir uns hin und formulieren eine Kritik und veröffentlichen sie dutzendfach im Freundeskreis? Nein, wir machen eine Besprechung.

Die Art unseres Sprechens, die Qualität unserer Sprache entscheidet, ob wir einander kritisieren oder begleiten auf unserem gemeinsamen Weg. Ich kann einen anderen nicht begleiten, wenn ich zehn Meter über ihm schwebe oder zehn Meter vor ihm herlaufe. Seine Befindlichkeit würde mir entgehen, und ich könnte ihm nicht den Arm reichen, würde er stolpern. Der Sprecher, der begleitet, fällt kein Urteil. Er fühlt sich in den anderen ein, erspürt dessen augenblicklichen Grad der Offenheit oder Verschlossenheit. Sein Wunsch ist es, auf dem Weg zu bleiben, zusammen mit dem anderen. Also wird er nichts sagen, was eine Stockung, einen Umweg oder gar eine Umkehr auslösen könnte. Der Kritiker sieht sich vom anderen getrennt und verstärkt die Trennung durch Kritik. Der Begleiter braucht den anderen – man will ja nicht immer alleine wandern.

Manchmal liegt der Fall natürlich auch umgekehrt: Wir haben einen Fehler gemacht, weit und breit ist keine Begleitung zu sehen, stattdessen werden wir angegriffen. Fragen wir uns, warum das ausgerechnet uns passiert? Rechnen wir nach, wie oft wir schon den anderen eine Freundlichkeit gesagt haben, und wie oft das diese nicht getan haben? Dann ist es gut, sich daran zu erinnern, dass »Warum« nicht die Frage des Zen ist. Das Zen fragt stattdessen: »Was geht hier vor?« und »Wie kann ich damit umgehen?« Wie also gehen wir um mit Kritik?

Das *Leben* spricht sich in jedem Augenblick aus, auch in Form von Kritik, und wir können den Anteil an Wahrheit in ihr finden, der uns Spiegel ist. Den Rest dürfen wir fallen lassen, oder wir geben ihn mit ein paar höflichen Worten an den Absender zurück. Kritisiert zu werden ist eine gute Gelegenheit, um kraftvoll zu üben. Unser leicht verletzbares Ego macht zwar jedes Mal ein großes Geschrei, wenn jemand etwas in uns in Frage stellt, aber wir können es einfach schreien lassen: Irgendwann beruhigt es sich wieder, und der berechtigte Teil der

Kritik ist inzwischen in unser Bewusstsein eingesickert, wo wir gut mit ihm arbeiten können.

Wir alle sind Begleiter, und der einzige Mensch, den wir durch unser ganzes Leben begleiten müssen, sind wir selbst. Wie sprechen wir mit uns selbst, was werfen wir uns vor, wie oft setzen wir uns herab, fühlen uns unzulänglich, nicht liebenswert? Für die meisten Menschen (vor allem für solche, die sich einer spirituellen Praxis zuwenden) scheint es leichter zu sein, andere Menschen liebevoll zu behandeln. Sie fragen sich: *Darf* ich mich denn selbst mögen und unterstützen, für gut und wertvoll halten, mich über mich freuen? Stärkt das nicht mein Ego, das ich doch gerade in den Dienst der Buddhanatur stellen will?

Der Dalai Lama sagte einmal, was ihn bei seiner Begegnung mit westlichen Menschen am meisten verwundern würde, sei ihre geringe Selbstachtung. Diese Schwäche sei in keiner Weise im Einklang mit der Lehre des Buddha, nach der unser wahres Wesen strahlend und seit jeher erleuchtet ist. Die geringe Selbstachtung der westlichen Menschen sei somit ein echtes Hindernis in der Praxis des Buddha-Dharma.

Warum also machen wir uns in inneren Gesprächen fertig, warum suhlen wir uns manchmal geradezu in unserer Minderwertigkeit? Sehr häufig wiederholen wir nur die Stimmen von Eltern, Lehrern und anderen Autoritäten, die uns irgendwann eingeredet haben, »nicht gut genug« zu sein oder, im Gegenteil, »zu gut«, »zu laut«, »zu eigenwillig« – die Liste darf beliebig ergänzt werden. Warum aber wiederholen wir diese Urteile endlos und verstärken sie damit? Wollen wir der Kritik von außen zuvorkommen, sie sozusagen abfedern, damit sie uns nicht treffen kann? Gibt uns die innere Herabsetzung ein wohliges Gefühl, vermeiden wir dank unserer vermeintlichen Unfähigkeit die Übernahme lästiger Verantwortung? Wir sollten unsere Gründe unbedingt herausfinden; in einer geringen Selbstachtung zu verharren, kann ein raffinierter Trick unseres Ego sein, das grundsätzlich keine Lust hat, sich mit unbequemen Wahrheiten über sich selbst auseinander zu setzen. Wenn wir erkennen, dass wir dies oder das in uns verändern sollten oder mit anderen Augen betrachten, dann tun wir das ohne weiteren Gedanken. Das ist alles.

Wenn wir uns kritisieren, haben wir uns von unserem inneren Licht abgetrennt. Deshalb müssen wir lernen, uns selbst zu unterstützen und uns den Arm zu reichen, wenn wir stolpern. Wie wir das machen? Indem wir atmen und gehen und zurückkehren zum gegenwärtigen Augenblick. Jetzt. Und jetzt. Und jetzt.

Unsere Wachheit im Augenblick ist die beste Unterstützung, die wir uns geben können.

Unsere Angst trägt Zopfspangen

Die birmesische Nobelpreisträgerin Aung San Suu Kyi steht 2010 unter Hausarrest. Ihr Kampf gegen die Militärdiktatur ihres Landes ist eine Bedrohung für das Regime, und Aung San Suu Kyi wird, sollte sie den Bereich ihres Grundstücks ohne Erlaubnis verlassen, sofort verhaftet werden. Auch in ihrem eigenen Haus kann niemand für ihre Sicherheit garantieren. In einem Interview sagte sie: »Angst ist Gewohnheitsenergie.«

Aung San Suu Kyi ist eine große Künstlerin. Sie weiß, dass Angst ein hungriger Geist ist, der genährt werden will. Fette, proteinreiche Nahrung für die Angst ist jede Form von Besorgnis, düsterer Prognose und Grübelei. Der Konjunktiv ist der Nährboden für den Samen der Angst: Was passieren *würde*, wenn … Was verhindert werden *müsste* … Was eintreffen *könnte* … Aung San Suu Kyi, die jeden Morgen meditiert, weiß, dass sie keine andere Sicherheit hat als den gegenwärtigen Augenblick. Im nächsten Augenblick *könnte* das Militär ihre Eingangstür stürmen, *könnten* Kugeln ihr Fenster durchschlagen, und sie *könnte* in Schussrichtung sitzen. In diesem Augenblick aber ist sie frei, sich zu entscheiden: Für die Angst oder die Tat. Aung San Suu Kyi hat eine Aufgabe für ihr Volk übernommen. Sie weiß, dass sie keine einzige Minute zu vergeuden hat.

Wie begreifen wir, vor deren Gartentor kein bis an die Zähne bewaffnetes Militär steht, dass auch wir keine Minute zu vergeuden haben? In gewisser Weise (und das darf jetzt auf keinen Fall falsch verstanden werden) ist es schwerer, den Geist inmitten des grauen Alltags zu zähmen als in der Herausforderung einer existenziell bedrohlichen Situation. Die Bedrohung zwingt uns zu äußerster Wachheit, während wir zwischen Abwasch, Kochen und Konferenz dazu neigen, unsere Gedanken schweifen zu lassen. Unsere Tochter ruft nicht an (Was *könnte* ihr alles passiert sein …). Unser Chef bietet uns eine größere Verantwortung an (Ich *könnte* versagen und scheitern …). Angst ist Gewohnheitsenergie. Wenn wir in einer Situation schon einmal mit Angst reagiert haben, ist die Wahrscheinlichkeit groß, dass wir es beim Eintreten einer ähnlichen Situation wieder tun werden. Allerdings werden wir feststellen, dass die Angst sich potenziert hat: Sie ist größer als beim ersten Mal.

Was also tun wir, wenn Angst unseren Magen zusammenzuziehen beginnt und in unserem Kopf die Gedanken zu rotieren anfangen? Wir stellen unsere Füße auf den Boden und atmen ein und aus. Wir schauen uns ganz genau an, woraus *dieser* Augenblick besteht. Er besteht aus mehr, als wir uns je hätten träumen lassen. Da ist das Parkett unter unseren Füßen, das leise knarzt. Der Sonnenstrahl gibt ihm eine rötliche Färbung, die Geranie auf der Fensterbank steht im Gegenlicht wie ein exotisches Gewächs. In der Küche tropft der Wasserhahn, gedämpft klingt durch die

Zimmerdecke das Radio unseres Nachbarn. Wir entschließen uns, die nächstliegende Handlung zu tun, vielleicht ist es die, den Wasserhahn zu schließen. Ruhig setzen wir einen Fuß vor den anderen über das knarzende Parkett, treten bewusst auf die Schwelle und spüren im Flur die Fliesen unter unseren Schuhen. In der Küche betrachten wir die im Ausguss zerplatzten Wassertropfen, heben langsam unsere Hand, umfassen den Griff des Wasserhahns, spüren seine metallene Kühle und drehen. In der plötzlich einsetzenden Stille hören wir eine Fliege, die sich gegen das Fenster wirft.

Dieser Augenblick ist immer zu ertragen. Er ist, was er ist: Reines Leben. Geranie, Parkett, Wasserhahn, Fliege. Haben wir je bemerkt, in welcher Fülle wir eigentlich leben? Interesse und Neugier für den Augenblick zu entwickeln ist ein gutes Mittel gegen die Angst.

Was aber sollen wir tun, wenn die Angst uns schon lange im Griff hat und einer realen Bedrohung entsprungen ist? Eine Person, die einmal in einer dunklen Straße überfallen wurde, hat Angst. Die Angst wacht auf in dunklen Straßen, beim Alleinsein und dem Klang von hallenden Schritten in Torbögen. Die Person wird also dunkle Straßen und das Alleinsein meiden. Die Angst aber sitzt nicht in den Straßen und den Torbögen, sondern tief in ihrem Körper und Geist. Ein Kind, das Angst hat, braucht jemanden, der es in den Arm nimmt. Können wir uns selbst in den Arm nehmen, wenn die Angst in unseren Eingeweiden sitzt?

Unsere Gefühle sind der Teil von uns, der nie wirklich erwachsen werden wird. Neid ist nicht vernünftig, Eifersucht nicht wohl abgewogen, Angst ist nicht klug. Wir können unsere Gefühle als unsere Kinder betrachten; Kinder haben ihre eigene Schönheit, und der Umgang mit ihnen macht uns lebendig. Thich Nhât Hanh pflegt zu sagen »Umarme deine Wut«. Die Wut zu umarmen gehört sicher schon zu den fortgeschrittenen

Übungen, aber vielleicht könnten wir damit beginnen, unsere Angst zu umarmen. Angst als solche ist abstrakt, aber das Kind, das wir einmal waren und immer noch in uns tragen, ist nicht abstrakt. Es trägt Zopfspangen, ausgebeulte Hosen, und seine Fingernägel sind schmutzig, weil es gerade in der Erde einen Schatz vergraben hat. Dieses ängstliche Kind ist ein Teil von uns, und doch sind wir zusammen mit unserer Achtsamkeit mehr als das Kind.

Bisher haben wir von den offensichtlichen Formen der Angst gesprochen, aber es gibt auch eine versteckte Angst, und eine gute Zen-Praxis wird sie früher oder später aufspüren. Waren wir nicht gestern überfreundlich aus Angst vor drohender Kritik? Geben wir uns nicht deshalb genügsam, weil wir Angst haben, wir könnten das Ersehnte nicht bekommen? Ziehen wir uns nicht manchmal in unsere vier Wände zurück aus Angst vor der Begegnung mit Menschen; scheuen wir nicht die Reaktion auf unsere Aufrichtigkeit und greifen deshalb lieber zu kleinen Lügen? Wenn wir einmal angefangen haben, uns mit unserer versteckten Angst auseinander zu setzen, werden wir überrascht sein, wie viel von ihr sich in unseren scheinbar so sozialen Verhaltensweisen verbirgt.

»Wenn ich die Pinsel in die Hand nehme, verziehen sich die Gespenster«, sagte der Maler Julius Bissier. Wenn wir uns unserer Aufgabe zuwenden – ruhig und ohne großes Theater –, spüren wir Boden unter unseren Füßen. Wir kehren zum Augenblick zurück und geben dem *Leben* Raum, in uns zu wirken. Wenn wir das Grübeln und die Besorgnis loslassen, hören wir in uns die leise Stimme, die uns sagt, was wir jetzt zu tun haben. Die Stimme kommt aus keiner mystischen Dimension, und sie ist ganz bestimmt nicht pathologisch. Wir können sie, wie Sogyal Rinpoche, die Stimme unseres inneren Meisters nennen. Wir können aber auch die Empfindung haben, ganz einfach dem *Leben* selbst zu lauschen, das sich unaufhörlich ausspricht, ob wir das hören oder nicht. Und wenn wir wissen, was wir zu tun haben, dann tun wir es. Ohne weiteren Gedanken.

Die Kunst, das Freudenfeuer anzuzünden

Alle Menschen wollen glücklich sein. Fragt man sie, was ihr Glück ausmache, antwortet jeder etwas anderes. Der eine glaubt, sein Glück läge in einer intakten Familie, der andere will ein eigenes Haus, der Dritte wünscht sich Gesundheit, der Vierte Erfolg und Ruhm. Nun gibt es zahllose Menschen, die Häuser besitzen und keineswegs glücklich sind; die meisten von uns sind gesund, aber glücklich sind wir nicht. Das Glück scheint so etwas zu sein wie die rachsüchtige dreizehnte Fee aus dem Märchen, deren Gaben sich als heimtückisch erweisen.

Menschen, die Zen praktizieren, sind im Allgemeinen nicht mehr so naiv zu glauben, materielle Dinge könnten ihnen Glück schenken, aber sind ihre Glücksvorstellungen nicht manchmal nur verfeinerte Versionen derselben Illusion? Sie wünschen sich vielleicht »Erleuchtung« oder »unbedingte Liebe« oder »das Ende des Leidens« – worunter sie die endgültige Abwesenheit von Krankheit, Schmerz und Kummer verstehen. Wenn die Erleuchtung ausbleibt, wenn sie sich eifersüchtig, krank und traurig fühlen, sind sie unglücklich. Krankheit und Schmerz aber sind eine Sache, und unser Unglücklichsein eine andere.

Wir könnten trotz allem immer noch Freude empfinden.

Um zu verstehen, was Freude ist, stellen wir am besten erst einmal fest, was sie nicht ist. Freude ist weder Spaß und Vergnügen noch ist sie Rausch und Ekstase. Spaß und Vergnügen sind von äußeren Objekten abhängig, die uns Vergnügen schenken sollen. Der Rausch wiederum trägt uns von uns selbst und den gegebenen Umständen fort, und sein besonderes Kennzeichen ist die Ernüchterung, die uns befällt, wenn wir aus ihm erwacht sind. Wenn Spaß und Vergnügen Strohfeuer sind und der Rausch eine Stichflamme, dann könnten wir die Freude mit einer wohlig wärmenden Glut vergleichen. Um solch eine Glut herzustellen, müssen wir in unserem Herd ein solides Feuer anzünden, und das macht man am besten mit sehr gutem Holz, das schön trocken ist und in handliche Stücke zerkleinert. Mit anderen Worten: Freude erfordert Klugheit und Geschick, sie fällt nicht so einfach vom Himmel. Wir müssen etwas tun, bevor uns die Glut wärmen kann. Wir müssen geschickte Feueranzünder werden.

Es ist ziemlich leicht, Freude zu empfinden, wenn wir ein Geschenk bekommen, verliebt sind oder Erfolg haben. Was aber geschieht, wenn Verliebtheit und Erfolg vergangen sind und das Geschenk den Neuheitswert verloren hat? Dann ist die Freude mitgegangen, als sei sie ein Anhängsel, das zu den Zuständen gehört und von ihnen mitgezogen wurde. Freude aber ist völlig unabhängig von ihrem Auslöser. Sie entsteht und vergeht in uns selbst; Freude ist eine Haltung, die wir kultivieren können.

Der neue Haarschnitt ist eine Katastrophe, der Kuchen verbrannt, draußen regnet es in Strömen, aber … aah, der Geruch nach frischer Erde, der zum offenen Fenster hereinkommt! Wir werden immer etwas finden, das unser Freudenfeuer nähren kann: die Tasse Kaffee, wenn wir durchfroren vom Markteinkauf kommen; der Anblick des ersten Schneeglöckchens; die Katze, die ihren Kopf an unserem Bein reibt. Wenn das Schneeglöckchen verwelkt, lebt unsere Freude dennoch weiter. Wenn die Katze sich von uns abwendet, bleibt unsere Freude dennoch bei uns.

Thich Nhât Hanh schlägt zum Beispiel als Praxis die »Freude am Nicht-Zahnschmerz« vor: Ist es nicht wunderbar, dass wir in diesem Augenblick keinen Zahnschmerz haben? Die Abwesenheit von Schmerz und Krankheit ist in der Tat ein Grund zur Freude – nur vergessen wir das gern, wenn es uns gerade gut geht. Falls also wirklich nicht ein winziger Span für das Freudenfeuer in unserer Reichweite liegen sollte, können wir uns immer noch darüber freuen, auf kräftigen Beinen gehen zu können (mit guten Augen sehen, mit gesunden Ohren hören zu können …).

Wenn wir auf diese Weise geübt haben, Freude zu erschaffen, werden wir auch großen Herausforderungen standhalten, die uns allen nicht erspart bleiben werden: zum Beispiel der, inmitten von Kummer und Leid noch Freude zu empfinden. »Freudenboten sind immer Kinder des Leids gewesen«, sagt der Sufimeister Hazrat Inayat Khan. Das unterscheidet die Freude vom »positiven Denken«, das uns suggerieren will, wir müssten nur die »richtigen Gedanken« denken, dann würde das Universum sein Füllhorn über uns ausschütten. Mit anderen Worten: Wir sind selber schuld, wenn unser Wagen den Dienst verweigert, wir krank werden und die Katze überfahren wird.

Wahre Freude aber schließt das Leid mit ein; sie ist so groß, warm und umfassend, dass sie es nicht nötig hat, das Leiden aus sich zu verbannen. Im Gegenteil: Das Leiden gibt ihr den dunklen Grundton, der ihr Leuchten erst zur Geltung bringt. Freude zu erschaffen bedeutet deshalb nicht, »aus der Wirklichkeit zu fliehen«, wie es freudigen Menschen manchmal unterstellt wird. Der Rausch mag uns blind machen, das Vergnügen egozentrisch, der Spaß mitleidlos – die Freude aber ist ein Ausdruck unserer wahren Natur, der Buddhanatur. Freude flieht nichts und erhellt alles, erwärmt die Umstände und uns selbst. Freude ist ein heilsames und nährendes Gefühl.

Hier wartet aber eine neue Falle auf uns. Wir dürfen auf keinen Fall den Fehler machen, uns zu freuen, *weil* wir leiden – oder gar uns das Leiden zu wünschen, *damit* wir uns auf »rechte spirituelle Weise« heroisch freuen können. So würden wir uns zu Märtyrern stilisieren, und das hat nichts mit Zen und der Freude als Ausdruck unserer wahren Natur zu tun. Wenn wir leiden, suchen wir nach den Ursachen des Leidens und dann nach einem Weg, das Leiden zu beenden. Das ist buddhistische Praxis. Aber während wir leiden, nach den Ursachen suchen und dem Weg, es zu beenden, ist die Freude anwesend. Sie ist die wärmende Glut, die unseren Körper entspannt; sie ist der feine Geruch, der unsere Nüstern weitet; sie ist die Geborgenheit, die unseren Geist beruhigt, so dass er uns neue, nie zuvor gedachte Lösungen präsentiert: Ja, ich bin arbeitslos, sehne mich nach einer Partnerin, und im Apfelkeller wüten die Mäuse, aber da ist doch noch etwas, was ist da noch gleich …

Da ist die Freude. Sie wartet auf Futter. Auf einen winzig kleinen trockenen Span, wir werden ihn finden. Sie wird es uns lohnen.

Ich
und die anderen

Ewig.

Zwischen einer gepflückten Blume
und der geschenkten
das unausdrückbare Nichts.

Giuseppe Ungaretti

Diese Freude, allein zu sein!

Die meisten Künstler lieben es, allein zu sein. Die schönsten Stellen im Tagebuch von Katherine Mansfield befassen sich mit den Stunden ihres Alleinseins. Da macht sie sich einmal eine Kindermahlzeit zurecht: gebratenes Ei, Aprikosen und Kaffee. Die Katze spielt mit den Sofafransen, Katherine spielt mit einer Orange und ruft aus: »Welche Freude, allein zu sein! Was ist das?«

Es ist das Wunder, in den unbegrenzten Raum des *Lebens* einzutreten, der sich öffnet, wenn wir allein sind.

Alleinsein ist die Vorbedingung für nahezu jede Art der Kunstausübung. Ein Bild wird nicht auf dem Marktplatz gemalt, eine Sonate nicht komponiert, wenn am Nebentisch die Freunde diskutieren. Ein Künstler muss fähig und bereit sein, Fenster und Türen zu schließen, den Lärm der Welt auszusperren und die

Ansprüche der Mitmenschen fürs Erste freundlich und bestimmt zurückzuweisen. Die Bildhauerin betritt ihr Atelier, der Schriftsteller setzt sich an den Schreibtisch. Sie atmen durch: Aah, welche Freude, allein zu sein! Hinter dem geschlossenen Fenster ereignet sich der Alltag, er äußert sich in Form von Hundegebell, Autohupen und Feuerwehrsirenen. Der Künstler aber beugt sich über den Stein, das Blatt Papier, das Klavier. Er hat seine Arbeit zu tun, nämlich einzutauchen in den unbegrenzten Raum des *Lebens*, aus dem sich seine Arbeit speist.

Wenn wir allein sind, dürfen wir entspannen. Wir sind sicher, dass uns in diesem Augenblick niemand belästigen wird. Niemand wird uns mit Fragen bestürmen, niemand uns anschreien, niemand neben uns den Topfdeckel fallen lassen. Wir brauchen nicht auf der Hut zu sein vor den Zumutungen der Welt. Wir atmen tief durch und öffnen alle Poren unseres Körpers. Wir versenken uns in uns selbst oder weiten unser Bewusstsein aus in den unbegrenzten Raum. Welche Weise wir wählen, ist nicht entscheidend, wir werden in jedem Fall dieselbe Entdeckung machen: Das, was wir für die unverbrüchlich feststehenden Grenzen unseres Ichs gehalten haben, existiert nicht.

In der Stille und Geborgenheit unseres Alleinseins wagen sich Fähigkeiten in uns hervor, die zu subtil sind für den täglichen Gebrauch. Sehen wir nicht auf einmal innere Bilder? Hören wir nicht plötzlich leise Stimmen, die uns Erstaunliches zuflüstern? Wenn wir allein sind, schenken sich uns Erkenntnisse, die zu zart sind, um im Alltagslärm gehört zu werden. Wir begreifen die Zusammenhänge hinter den Geschehnissen. Wir hören die Antwort auf nie gestellte Fragen und stellen Fragen, die wir nicht zu haben glaubten. Wenn wir uns einmal vertrauensvoll unserem Alleinsein überlassen haben, werden wir es immer wieder tun; es wird uns Freude, Nahrung und Inspiration sein.

Und dennoch haben viele Menschen Angst vor dem Alleinsein. Diese Angst hat natürlich etwas zu tun mit den Ängsten, die bevorzugt dann in uns erscheinen, wenn wir allein sind: all die »schwarzen Männer« unserer Kindheit, mit denen Eltern uns bedroht haben, die selbst nicht fähig waren, mit ihren Ängsten umzugehen. Und die zahlreichen schwarzen Männer, die wir selbst und unsere Umwelt in uns erschaffen, so dass wir immer noch gezwungen sind, eine tatsächliche oder symbolische Lampe neben uns anzuzünden: etwas, das die Dunkelheit vertreibt, weil sie bedrohlich ist. Solche Lampen sind für uns häufig andere Menschen, oft ein »Hobby«, und im schlimmsten Fall ist es eine Sucht. Ein paar Möglichkeiten, sanfter und klüger mit Ängsten umzugehen, haben wir bereits kennen gelernt.

Die Angst vor dem Alleinsein aber besteht nicht nur aus den Inhalten, die sich in ihm zeigen könnten. Sie entsteht auch aus einer falschen Wahrnehmung über das Wesen des Alleinseins.

Alleinsein wird häufig mit Einsamkeit verwechselt: Ein Zustand der Sehnsucht und Ruhelosigkeit, den wir schleunigst beenden wollen. Einsamkeit ist Mangel: Wir sind von etwas abgeschnitten, das wir dringend brauchen. Das Gefühl des Mangels ist berechtigt, denn in der Einsamkeit sind wir abgeschnitten von der Verbundenheit mit der Welt und anderen Menschen – wir sind abgeschnitten vom All-ein-Sein. Einsamkeit ist der verschlossene Raum, in dem wir gefangen sind. Alleinsein ist die offene Weite, in der wir uns mit allem verbunden wissen und uns dennoch frei bewegen können. Was verengt unser Alleinsein immer wieder zur Einsamkeit? Es ist unser mangelndes Vertrauen in den gegenwärtigen Augenblick: in seine Fähigkeit, uns zu nähren, zu tragen und zu schützen.

Wie aber finden wir dieses Vertrauen, wenn die Angst uns, sobald wir allein sind, in ihre Krallen nimmt? Wir benutzen unser Handwerkszeug Achtsamkeit und gehen auf ein Retreat.

Ein Retreat ist ein wunderbarer Übungsort für das Alleinsein, vor allem ein Schweige-Retreat. Sie sitzen in einem Raum mit zwanzig, fünfzig oder hundert Menschen, allein auf Ihrem Kissen vor der weißen Wand. Neben Ihnen sitzt ein anderer allein auf seinem Kissen vor der weißen Wand, und neben diesem sitzt ein weiterer allein auf seinem Kissen ... Fünfzig Alleinsitzende, die atmen und ihren Geist beruhigen, ihre Gefühle wahrnehmen, die Schmerzen im linken Knie und das Atmen ihres Nachbarn. Sie schlafen in einem Raum mit zwei, fünf oder zwanzig Menschen: Jeder Mensch zieht abends seinen Schlafanzug an und schlüpft ins Bett, jeder steht morgens auf und putzt sich die Zähne, genau wie Sie. Sie sitzen im Speisesaal an Sechser- oder Zehnertischen und essen das Gleiche wie alle, in derselben festgesetzten Zeit. Überall im Haus wimmelt es von Menschen, die einander begegnen, auf der Treppe, im Garten, im Waschraum, und keiner grüßt. Jeder hat die Augen nach innen gewendet, jeder ist bei sich, und dennoch ist jeder Körper da.

Fühlen Sie sich dort einsam? Isoliert auf Ihrem Kissen, abgeschnitten von freundlichen Blicken und Morgengrüßen? Dann verwandeln Sie, bewusst und als Übung, Ihre Einsamkeit in ein All-ein-Sein. Und wenn jetzt die schwarzen Männer kommen, dann sitzen Sie nicht in einem fest verschlossenen Raum. Sie spüren die feine oder grobe Energie des Menschen neben sich, Sie hören ein fünfzigfaches Atmen, Sie wissen: All diese Menschen begegnen ebenfalls ihren schwarzen Männern und üben, mit ihnen umzugehen. Jeder Mensch ein Mensch wie Sie.

Die Besonderheit eines Zen-Retreats ist es, dass wir lernen können, inmitten der Welt allein zu sein. Nach Hause zurückgekehrt, halten wir im Geist unsere Sitzposition, wenn wir im Bus zur Arbeit fahren, im Wartezimmer des Arztes sitzen, in der Schlange im Supermarkt stehen. Wir lernen im Zen, bei uns zu bleiben, auch wenn uns Dutzende von Menschen umgeben mit tropfenden Schirmen, bellendem Husten und Mundgeruch. Wir atmen, beruhigen unseren Geist und sind uns der Schwere des Einkaufskorbes bewusst, auch wenn uns gerade der Mann unserer Träume einen Blick zuwirft. Die Haltung des Alleinseins öffnet uns für den gegenwärtigen Augenblick, für seine Zumutungen und Verführungen, seinen Glanz und seine Dunkelheit. Wir sind all-ein, mit allem verbunden, und dennoch haben wir die Kraft, bei uns selbst zu bleiben.

Erst diese Fähigkeit, bei uns zu bleiben und allein zu sein, macht uns zu guten Partnern in den vielfältigen Beziehungen, in denen wir alle sind. Wenn wir uns von jedem Reiz, jedem Anspruch davontragen lassen, sind wir anderen weder Hilfe noch Freude. Wir verlieren unseren Glanz, und ein glanzloser Mensch hat bald keine Beziehungen mehr. Die Fähigkeit zum Alleinsein unter vielen ist gleichzeitig unser Schutz und unsere Stärke. Wir halten unsere Sitzposition, wenn unser Kind das Milchglas auf den Boden wirft, der Hund den Teppich zerbissen hat und der Partner unseren Geburtstag vergisst. Wir atmen, wir setzen Schritt vor Schritt und bleiben verbunden, vertrauensvoll ruhend in unserem strahlenden Alleinsein.

Das Netz des Indra

Asiatische buddhistische Meister haben im Westen für viel Wirbel gesorgt mit der Aussage: »Das Ich muss sterben.« Es macht Spaß, die Reaktion von westlichen Menschen zu beobachten, die gerade von einem rot oder schwarz gewandeten Mönch, der auf irgendeiner Bühne sitzt, den Satz gehört haben »Das Ich ist eine Illusion«. Es ist, als wäre ein Schalter gedreht worden, und durch sechzig »Iche« geht ein Ruck. Rücken straffen sich, Kehlen räuspern sich, Hände werden gehoben: Wollen Sie sagen, wirklich sagen, dass es … *mich* nicht gibt?

Der Mönch, asiatisch-gelassen und liebenswürdig, lächelt. Ja, genau das hatte er sagen wollen.

An diesem Punkt entwickelt sich zumeist eine Diskussion, die von Seiten der Zuhörer oft in herablassendem Ton begonnen wird und in zunehmender Verwirrung endet. Der Mönch auf dem Podium wird nach einer Stunde höchstwahrscheinlich immer noch lächeln, sich freundlich erheben und lautlos mit leichtem Schritt aus dem Saal verschwinden. Was ist passiert?

Sechzig »Iche« haben wild um ihr Überleben gekämpft und nicht bemerkt, dass es keinen Gegner gab, der sie bedroht. Nur einen rot oder schwarz gewandeten leeren und offenen Raum.

Eine der wichtigsten Lehren des Buddha ist die vom »wechselseitigen Durchdrungensein alles Seienden«, auch »Intersein« genannt.

Als Bild für Intersein wird in den Lehren zum Beispiel das Netz des Indra gewählt. Gott Indra hatte in seinem Palast ein riesiges Netz, und jeder Knoten darin war ein Juwel. In jedem einzelnen Juwel spiegelten sich alle anderen Juwelen. Da sich das eine Juwel aber in allen spiegelte, spiegelten ihm alle Juwelen sein eigenes Sein zurück, das es – das eine Juwel – weiterspiegelte … Wenn nun eines der Juwelen auch nur um ein Winziges verändert wurde, veränderten sich auf der Stelle alle Juwelen mit ihm, spiegelten ihm ihr verändertes Sein zurück, das es – das eine Juwel – wiederum, zusammen mit dem Sein aller anderen so veränderten Juwelen, weiterspiegelte … Aber die Lehre spricht ja nicht nur von Spiegelung, sondern von »Durchdrungensein«, und deshalb stellen wir uns, um das Bild ein bisschen klarer zu machen, die Juwelen als durchsichtig vor, sagen wir: als Diamanten.

Das Netz des Indra ist der Kosmos, und jedes Phänomen, jedes einzelne Lebewesen ist ein Knoten in ihm: ein Juwel.

Was also ist das »Ich«?

Der Mönch auf der Bühne weiß, was seine Zuhörer nicht wissen: Er sitzt nur auf jener Bühne, weil es vor zweitausendsechshundert Jahren Buddha Shakyamuni gab, den historischen Buddha und seine Lehre. Er sitzt auf jener Bühne, weil das *Leben* Bedingungen erschaffen hat, die ihn auf jene Bühne getragen haben. Er sitzt auf jener Bühne, weil es sie, seine Zuhörer, gibt. Sie spiegeln ihm sein Sein, und er spiegelt ihnen ihr eigenes Sein zurück. Sie, seine Zuhörer, haben den rot und schwarz gewandeten Mönch erschaffen in einer Begegnung von zwei Stunden. Ihre Fragen sind seine Worte, seine Worte spiegeln ihre Fragen. Es sind die Zuhörer, die den Vortrag erschaffen, in dem sie sich selbst wiederfinden.

Gegen wen also kämpfen wir?

Es gibt einen weiteren buddhistischen Ausdruck für Intersein: Nicht-Ich. Unsere lebenslange Vorstellung von einem eigenständigen Ich, das diese und jene Eigenschaften hat, sich so und so fühlt und hier beginnt und ungefähr einen Meter vor unserem Körper endet, ist, wie uns die Lehre erklärt, falsch. »Ich« bin ein Juwel im Netz des Indra und enthalte sämtliche Phänomene, die ihrerseits Juwelen sind im Netz des Indra und mich enthalten.

Und das hat weitreichende Folgen.

Wir sind nicht allein auf der Welt. Wenn wir alles andere sind, dann wird alles, was ist, von dem beeinflusst, was wir tun. Wenn alles andere wir sind, werden wir von allem, was uns sichtbar und unsichtbar umgibt, beeinflusst. Das ist sogar auf der logischen Ebene leicht einzusehen.

Wenn meine Mutter mich in der Kindheit verlässt, mein Vater unser Vermögen verspielt, mein Partner ein Kind von einer anderen bekommt, dann hat das Folgen für mein Leben. Wenn meine Regierung die Renten kürzt, das Krankengeld streicht und aufs Neue die Fünfundvierzig-Stunden-Woche einführt, dann hat das Folgen für mein Leben. Wenn am Amazonas der Regenwald abgeholzt, in Amerika der Mais genmanipuliert und Tiermehl an Rinder verfüttert wird, so dass sie BSE bekommen, dann hat das Folgen für mein Leben. Wenn ich mein Kind in ein Heim gebe, einen Menschen überfahre, eine Intrige in die Welt setze, dann hat das Folgen für das Leben der anderen. Diese Folgen werden wiederum auf mich zurückwirken.

Aber wir müssen noch radikaler fragen. Hat nicht sogar jeder unserer Gedanken Folgen? Aus einem Gedanken folgt oft eine Handlung, bei uns oder einem anderen. Welcher Art sind unsere Gedanken, und können wir sie verantworten? Kann ich es verantworten, über einen Menschen schlecht zu denken, düster in die Zukunft zu blicken, mich innerlich selbst zu beschuldigen? Welche Folgen hat mein Pessimismus, mein Schuldgefühl? Hindern sie mich daran, eine hilfreiche Antwort zu finden auf die Probleme, die jetzt gelöst werden wollen? Hindern sie einen anderen an seiner Entfaltung?

Unsere Gedanken erschaffen die Atmosphäre, die wir mit uns tragen, wohin immer wir gehen. Unsere Gedanken bestehen aus Klang, sie haben Farbe. Auch wenn dies keinesfalls das Ziel des Zen ist (und ein klassisch ausgebildeter asiatischer Meister würde dies niemals zum Thema machen): Es ist kinderleicht, zu sehen und zu hören, was ein anderer denkt. Es ist eine natürliche Fähigkeit des Menschen, kann eine Frucht der Übung sein – und ist eine furchtbare Bürde. Eines Tages werden vielleicht auch Sie es können. Werden Sie das mögen, was Ihnen da offenbart wird? Werden Sie begreifen, dass Gedanken nicht nur zu Handlungen führen, sondern in einem subtilen Sinn Handlungen *sind*? Werden Sie nach dieser Erfahrung weiterhin so denken können, wie Sie dreißig oder fünfzig Jahre lang gedacht haben?

Wenn wir zu faul sind, unseren Müll zu trennen und unsere Batterien in den Hausmüll werfen, wird bei ihrer Verbrennung eine winzige Menge Gift freigesetzt. Niemand sieht es, niemand weiß davon, und niemand wird uns deswegen verhaften. Aber etwas wird immer freigesetzt; bei jeder unserer Handlungen, bei jedem Gedanken, jedem erlebten Gefühl, auch wenn es niemand sieht. Es liegt in unserer Hand, ob es Gift ist oder Nahrung.

Wenn ich nun also alle Phänomene bin, dann kann ich mich auch sehen in allem, was mich umgibt. Ich sehe meinen Schmerz im Schmerz der alten Nachbarin; meine Freude im Jubel meines Hundes; meine Verspieltheit in den Kindern im Hof; mein Sterben im Untergang einer Kultur.

Manche Menschen macht die Vorstellung des wechselseitigen Durchdrungenseins depressiv. Sie fühlen sich ohnmächtig der Willkür anderer Menschen ausgeliefert. Aber vergessen wir nicht: Auch wir sind ein Juwel. Wenn in einem Juwel auch nur die kleinste Veränderung vorgeht, muss diese Veränderung sich in allen anderen Juwelen auswirken.

Der Schriftsteller Frances Thompson sagt: »Du kannst keine Blume berühren, ohne einen Stern zu beeinflussen.«

Sind wir bereit und fähig, die diversen Blumen in unserem Leben respektvoll zu berühren, damit sich die Sterne auf ihrer Bahn wohlbefinden und uns nicht auf die Köpfe fallen? Sind wir entschlossen, zum Wohl des Ganzen durch unsere Lebensweise Heilkraft auszusenden und auch das kleinste Leiden des geringsten Lebewesens zu unserer Aufgabe zu machen? Können wir Intersein nicht nur als intellektuelles Konzept von Ursache und Wirkung begreifen, sondern *sehen* und *fühlen*, dass wir aus allem bestehen, was uns umgibt, die anderen Menschen eingeschlossen?

Wenn wir in der Kategorie von »Ursache und Wirkung« denken, haben wir ein Zeitproblem: Aus der Ursache scheint die Wirkung zu kommen, und zwischen beiden ist eine Art leerer Raum. Bedenken wir jedoch das Netz des Indra, wird uns klar, dass Ursachen und Wirkungen sich *gleichzeitig* ergeben und dass das, was wir als Wirkung bezeichnen, unzählige Ursachen haben kann, die ihrerseits Ursachen haben.

Was also ist das »Ich«? Können wir sehen, in einem Erkenntnisblitz, dass es »mich« und »dich« nicht gibt?

Ein Leben lang haben wir uns, ohne es zu bemerken, eine Identität aufgebaut. Wir glauben zu wissen, wer wir sind. Wir definieren uns äußerlich über unseren Platz in der sozialen Hierarchie, die Familie, den beruflichen Erfolg. Wir glauben, unser »Ich« bestünde in unseren Überzeugungen, Urteilen, Gedanken und Gefühlen. All dies halten wir für unveränderlich. Natürlich wollen wir uns zum »Positiven« verändern, was immer das für uns heißen mag. Aber wenn die großen und kleinen Katastrophen unser festgefügtes Ich-Gebäude zu erschüttern beginnen, besorgen wir uns auf der Stelle frischen Beton, um die Risse luftdicht zu verschließen. Sind wir bereit, eine völlig neue Erfahrung zuzulassen, auf die Gefahr hin, dass sie unser Gebäude zum Einstürzen bringt?

Der beste Einstieg in die Erfahrung von Intersein ist der über einen geliebten Menschen. Wenn Sie Kinder haben, wissen Sie einiges über Intersein. Eine Mutter spürt die Befindlichkeit ihres Babys in sich selbst. Sie weiß, was der verzogene Mund jetzt ausdrücken will, was dieser ganz bestimmte schrille Ton in seinem Weinen meint. Sie weiß es irgendwo in ihren Eingeweiden, in einem Bereich jenseits der Worte. Jede tiefe und echte Liebe führt uns in den Bereich von Intersein. Wenn der Geliebte krank ist, fühlen wir seinen Schmerz in allen Poren unseres Körpers. Wenn die Mutter gebrechlich wird, erleben wir ihre Hilflosigkeit als unsere Ohnmacht. Für manche Menschen ist es vielleicht ein Tier, das sie zum ersten Mal Intersein erfahren lässt. Wo und mit wem Sie diese Erfahrung machen, ist unerheblich. Es geht allein um die Öffnung von scheinbar fest gefügten Grenzen und um die Erkenntnis, dass Sie in Wirklichkeit grenzenlos sind. Mit der

Zeit werden Sie sich weiter ausdehnen und immer mehr an Welt in Ihren eigenen Raum hineinnehmen können. Und irgendwann vielleicht wird der Tag kommen, an dem Sie eine Blume berühren und spüren, dass Sie einen Stern beeinflussen.

Aber das ist das Ideal, und in der Praxis sieht diese Übung häufig anders aus. Ich kenne etliche Zen-Schüler (mich eingeschlossen), denen die erste große Erfahrung von Intersein den Boden unter den Füßen weggezogen hat. Die Erkenntnis, dass es »mich« nicht gibt, ist nicht unbedingt auf Anhieb befreiend. Bevor wir in Jubel darüber ausbrechen, werden wir vielleicht erst einmal jammern, wüten, schreien oder, je nach Temperament, in eine Depression fallen.

Besonders behutsam bei der Erforschung von Intersein müssen Menschen sein, die in ihrer Kindheit einen Missbrauch erlitten haben – psychische Übergriffe bis hin zum Inzest. Ein solcher Mensch wurde zu früh mit Grenzverletzungen konfrontiert; ein anderer Mensch ist in seinen intimen Raum eingebrochen, bevor er die Gelegenheit hatte, seine eigenen Grenzen auf gesunde Weise zu spüren. Dieser Mensch weiß viel über das »wechselseitige Durchdrungensein« – aber er ist noch nicht stabil genug, Intersein auszuhalten. Wir müssen hier sehr klar unterscheiden zwischen den Aussagen, die vom absoluten Standpunkt des Seins aus gemacht werden und der relativen Ebene, auf der wir alle leben. Von der spirituellen Ebene her gesehen gibt es kein Ich als autonome Einheit. Auf der relativen Ebene aber müssen wir ein *Ich-Gefühl* entwickelt haben, um von der Grenzenlosigkeit nicht überwältigt zu werden. Intersein hat nichts zu tun mit Symbiose, dem psychischen Verwickeltsein in eine andere Person. Dies ist ein Punkt, der häufig missverstanden wird und in den traditionellen Lehren der asiatischen Meister nicht vorkommt.

Wie können wir also Intersein erleben, ohne uns und andere dabei zu gefährden?

Der Buddha erzählte folgende Geschichte. Es war einmal ein Artistenpaar, Vater und Tochter. Sie verdienten ihren Lebensunterhalt mit einem Kunststück: Der Vater balancierte eine lange Stange auf der Hand, die Tochter kletterte die Stange hinauf und machte auf der Spitze einen Handstand. Eines Tages sagte der Vater: Mein Kind, wir haben nur einander, deshalb darf uns nichts passieren. Ich werde also gut auf dich aufpassen, während du deinen Handstand machst, und du passt gut auf mich auf, während ich die Stange halte. Die Tochter aber widersprach und sagte: Mein Vater, es muss umgekehrt sein. Ich muss gut auf mich aufpassen, während ich meinen Handstand mache, und du musst gut auf dich aufpassen, während du die Stange hältst. Als sie den Buddha um Rat fragten, gab er der Tochter Recht.

Um Intersein in allen Facetten gefahrlos erfahren zu können, müssen wir gut für uns selber sorgen. Wir müssen fähig sein, die Füße auf dem Boden zu halten, zu atmen und Schritt vor Schritt zu setzen, um bei uns selbst bleiben zu können, wenn die Grenzen sich plötzlich als Illusion erweisen. Deshalb sollten wir immer wieder zu unserer grundlegenden Übung der Achtsamkeit zurückkehren: sitzen, gehen, atmen und wahrnehmen, einfach wahrnehmen. Dann werden wir, wenn die Zeit reif ist, auch den grenzenlosen Raum, der wir selber sind, wahrnehmen in all seinen Aspekten. Wir werden Schritt vor Schritt setzen, staunend und mit ruhigem Atem, entzückt und dennoch im Tiefsten gelassen.

Wenn ich im grenzenlosen Raum gehe, dann gehe ich für dich, der du vielleicht gerade nicht gehen kannst. Ich fühle für dich, wenn du gerade deine Gefühle eingefroren hast. Ich lächle für dich, wenn du dein Lächeln verloren hast. Mein Gehen *ist* dein Gehen, mein Fühlen *ist* dein Fühlen, mein Lächeln *ist* dein Lächeln. Du hast in Wirklichkeit nichts verloren, denn ich hebe alles für dich auf. Unsere Praxis wird eines Tages eine Praxis für andere sein, und das wird sich so natürlich und richtig anfühlen, als seien diese anderen und wir in Wirklichkeit eins. Als seien sie und wir Teile eines großen Körpers, in dem jeder seine Aufgabe hat. Dann werden wir wissen, mit allen Poren unseres Seins, dass wir von niemandem getrennt und mit allem verbunden sind.

Was sagen wir wirklich, wenn wir etwas sagen?

Schriftsteller kennen das Geheimnis der Arbeit mit Sprache: Es ist gar nicht so wichtig, *was* gesagt wird, die künstlerische Qualität kommt aus dem Wie. Ein Autor kann die hunderttausendste Liebesgeschichte der Weltliteratur schreiben, aber entscheidend ist, wie er das tut. Erzählt er kühl-distanziert, macht er sich insgeheim über die Protagonisten lustig oder schildert er ein lebenserschütterndes Ereignis? Auch wenn dies immer dieselbe Geschichte wäre, hätten wir als Leser den Eindruck, drei völlig unterschiedliche Erzählungen gelesen zu haben.

Wir nehmen an, im Alltag klare Aussagen zu machen, und fragen uns manchmal, warum wir mit unseren Äußerungen so oft missverstanden werden oder gar Aggression hervorrufen. Aber wir alle sprechen auf vielen Ebenen gleichzeitig. In einem scheinbar eindeutigen Satz kann eine unvergessene Demütigung aus der Kindheit mitschwingen, unser Misstrauen dem Gesprächspartner gegenüber oder eine unterschwellige Wut, die uns selbst nicht bewusst ist. Linguisten nennen dies die Meta-Mitteilung, und ungeachtet der Worte ist es immer die Meta-Mitteilung, auf die wir bei anderen reagieren. Wenn auf einem Empfang eine Frau zu Ihnen in herablassendem Tonfall sagt »Nein, was haben Sie für ein zauberhaftes Kleid an«, werden Sie vermutlich verunsichert den Waschraum aufsuchen und Ihre Erscheinung überprüfen. Sie hätten zu Recht nicht den Worten geglaubt, sondern der unterschwelligen Ironie und Kritik.

Welche Geschichte also erzählen wir, während wir anderen scheinbar Freundliches sagen? Machen wir Vorwürfe, sprechen wir in zweideutigen Wendungen Erwartungen aus, kritisieren oder beschämen wir? Meta-Mitteilungen werden manchmal gekonnt eingesetzt, um einen anderen subtil zu demütigen; dieser Mensch kann die wahrgenommene Gemeinheit dann nicht einmal zur Sprache bringen, denn es wurden ja nur Freundlichkeiten geäußert. Häufiger aber entstehen Meta-Mitteilungen unbewusst. Wir sind uns nicht im Klaren über unsere Beziehung zu unserem Gesprächspartner, über unsere Meinung zum Thema – und vor allem nicht über unsere eigenen Gefühle, Antriebe, Wünsche und Erwartungen. Wut, Neid und Eifersucht äußern sich mit Vorliebe in Form von versteckten Mitteilungen, denn das sind die Gefühle, derer wir uns schämen. Wer würde schon offen zugeben, neidisch und eifersüchtig zu sein!

Und doch wollen und müssen wir uns unablässig mit anderen Menschen austauschen, wollen verstanden werden und verstehen. Schriftsteller wissen, dass ihr Ausdrucksmittel, die Sprache, höchst unvollkommen und missverständlich ist, und deshalb arbeiten sie ständig daran, sich noch besser und klarer auszudrücken. Den ganz genauen Ausdruck für ein Gefühl zu finden, kann eine Autorin Tage in Anspruch nehmen. Und da glauben Menschen, die Sprache als alltägliches Kommunikationsmittel benutzen – und das ist jeder von uns –, dass das Sprechen keine Arbeit erfordere und ein wenig Plaudern genüge, um den eigenen Standpunkt klar zu machen! Unsere zahllosen Missverständnisse im Alltag zeigen, dass dies ein trauriger Irrtum ist.

Wer verstanden werden will, muss sich zuerst einmal selbst verstehen, und so ist es nicht überraschend, dass die Achtsamkeitspraxis des Zen die beste Übung ist für gelingende Kommunikation. Wir wissen, was wirklich in uns und um uns herum vor sich geht, und benennen es genau: »Ich weiß, dass ich wütend bin. Ich bin nicht wütend auf dich, und deshalb muss ich aufpassen, dass ich dir nicht in Tonfall und Wortwahl meine Wut an den Kopf werfe.« Aber manchmal sind wir ja auch wütend auf unseren Gesprächspartner, was tun wir dann?

Ein Rat für gelingende Kommunikation lautet: Trenne die Situation an sich von deiner Reaktion auf sie. Viele unserer Probleme in Beziehungen entstehen, weil wir die klare Wahrnehmung einer Situation (»Du machst seit zwei Wochen jeden Abend Überstunden«) mit unserer Interpretation vermischen (»Ich bin dir völlig egal geworden«). Auf eine Feststellung kann unser Gegenüber in Freiheit antworten, auf einen Vorwurf hingegen wird er sich verschließen oder zum Angriff übergehen.

Unser wichtigster Gesprächsbeitrag aber ist nicht das Sprechen, sondern das Zuhören. Hören wir wirklich, was der andere sagt, oder hören wir unsere eigenen Befürchtungen und Erwartungen? Wenn wir selbst ein schlechtes Gewissen haben wegen unserer chaotischen Terminplanung, hören wir aus dem Satz »Du machst seit zwei Wochen Überstunden« wahrscheinlich einen Vorwurf heraus, der gar nicht hineingelegt wurde. Die höchste Kunst ist es, das zu hören, was der andere nicht gesagt hat, weil er sich nicht traute oder weil ihm selbst nicht bewusst war, was ihn bewegte. Auch hier geht es um die Meta-Mitteilung, und wir sind ausdrücklich aufgefordert, auf sie zu lauschen und sie stellvertretend für den anderen zum Ausdruck zu bringen.

Das mag jetzt kompliziert und anstrengend klingen. Aber um all dies muss sich eine Zen-Schülerin nicht bemühen, denn wer Zen praktiziert, verfeinert seine Wahrnehmung auf ganz natürliche, organische Weise. Irgendwann wundern wir uns darüber, auf einmal in Gesprächen Untertöne zu hören, die uns früher entgangen sind. Wir lernen auch seit Langem bekannte Menschen in einer Tiefe kennen, die ganz neue Seiten von ihnen offenbart. Diese Seiten können beglückend sein, aber auch bedrückend. So genau, denken wir vielleicht, haben wir diese Menschen gar nicht kennenlernen wollen. Was machen wir jetzt mit unserem neuen Gespür für ihren Neid uns gegenüber, ihre tief verborgenen Ängste, ihr Gefühl der Sinnlosigkeit?

Wir kehren zurück zu unserem Atem, bringen Körper und Geist wieder zusammen und wissen: hier werden wir gebraucht. Nicht, um gute Ratschläge zu geben oder diesen Menschen etwas über sich selbst zu erzählen, was sie in diesem Stadium ihrer Entwicklung nur verstören würde. Wir werden gebraucht, um mit offenen Ohren und Herzen ihren Kummer zu empfangen, ihnen mitfühlend zuzuhören und, gegründet in unserer eigenen Stabilität, sie behutsam in eine neue Perspektive zu begleiten. Denn auch das gehört zur gelingenden Kommunikation: zu wissen, wann der Moment gekommen ist, auf eine wortlose Ebene des Gesprächs zu wechseln. Unser tiefes, verstehendes Schweigen bewahrt das Geheimnis dieses Menschen, schützt und trägt ihn. Und weil wir, wie er meint, ja gar nichts für ihn tun, schuldet er uns auch keine Dankbarkeit oder Anerkennung. Wer je unter der Last einer geschuldeten Dankbarkeit gelitten hat, weiß, welch ein Geschenk das sein kann!

Ich-beziehe-mich-auf-dich

Joseph Beuys, der gesagt hat, »jeder Mensch ist ein Künstler«, hatte die Vision einer »sozialen Skulptur«. Menschliche Gemeinschaften unterlägen, sagte er, denselben Formprozessen wie künstlerische Arbeit, und er verglich die Bewegung eines Menschen irgendwo im Gedränge der Stadt mit den Bewegungen eines Tänzers auf der Bühne.

Die Konzentration auf den Prozess bewahrt uns davor, den Begriff »soziale Skulptur« als ein feststehendes Gebilde misszuverstehen. Wir alle arbeiten mit an der sozialen Skulptur; wir sind Tänzer in der großen Choreografie namens Gemeinschaft, in die wir uns einfügen müssen und die wir gleichzeitig mitgestalten: in einem unablässigen Tanz aus Gesten und Schritten, Annäherung und Zurückweichen, Entblößung und Verhüllung.

»Beziehungen« aber scheinen nicht zu funktionieren. Nie ist eine Beziehung so, wie wir sie uns wünschen, und das, was in ihr möglich wäre, scheint selten Wirklichkeit zu werden. Das tiefe Verstehen, das Mitgefühl, die unverbrüchliche Liebe und Treue und das selige Ineinsschwingen mit dem Partner, dem Kind, der Freundin gelingen allenfalls für Stunden. Unweigerlich erwachen wir nach kurzer Zeit aus unserem Traum und finden uns als voneinander getrennte Wesen wieder. Die altvertrauten Gefühle überfallen uns: Traurigkeit, Angst, Zweifel an der Beziehung und an unserer Fähigkeit, sie zu leben.

Ich möchte das Wort »Beziehung« in Bewegung bringen und durch »bezogen sein« ersetzen.

Wenn wir das Wort »Beziehung« gebrauchen, stehen wir wieder einer scheinbar feststehenden Größe gegenüber. Wir glauben, diese Sache müsse nur gefunden werden, um uns glücklich zu machen; sie werde unveränderlich bleiben und der Boden unter unseren Füßen sein. Dieses Ding namens »Beziehung« aber gibt es nicht. Es gibt nichts weiter als unser Bezogensein auf den anderen und das Bezogensein des anderen auf uns: den Tanz, den wir miteinander tanzen. Und wie ein Bühnentanz ein Ausdrucksmittel ist, um das Wesen des Menschseins in allen Facetten zu beleuchten, so ist das wechselseitige Bezogensein aufeinander ein Ausdrucksmittel für das, was wir sind und was uns bewegt: unsere

Freude, unsere Angst, unsere Sorgen, unsere Neugier, unser Verstehen, unser Missverstehen, unsere Wut, unsere Wünsche, unsere Bedürfnisse. Wenn wir aufeinander bezogen bleiben, wird uns schnell klar, dass *Ich-beziehe-mich-auf-dich* und *Du-beziehst-dich-auf-mich* eine Qualität hat. Es fühlt sich »gut« an oder »nicht so gut«. Es hat heilsame Wirkung oder unheilsame. Es nährt uns, oder es nimmt uns Kraft.

Wir werden jetzt vermutlich versuchen, das Nährende zu behalten und das Schädigende loszuwerden. Vielleicht trennen wir uns von einigen Leuten und wenden uns anderen zu. Das kann durchaus hilfreich sein; das Zen fordert uns nicht auf, masochistisch zu sein, und von manchen Menschen sollten wir uns besser fernhalten. Dennoch werden wir feststellen, dass wir häufig nur die eine Person mit einer anderen vertauschen, die uns dieselben »Probleme« bereitet. Das ist ein wunderbarer Punkt, um kraftvoll Zen zu üben. Bleiben wir bei der Metapher des Tanzes und stellen wir fest: Ein Tanz lebt, wie jede Kunst, von der Spannung der Gegensätze.

Wenn unser wechselseitiges Bezogensein aufeinander wirklich lebendig ist, enthält es den Schmerz ebenso wie die Freude. Es enthält alle Schwierigkeiten, die sich unter der Sonne ergeben können, und es beinhaltet Auseinandersetzung, Missverständnisse und all die schrecklichen Gefühle, vor denen wir am liebsten in die Wüste fliehen würden. All das gehört zur Bedingung unseres Menschseins, all das ist lebendiges Sein. Wenn wir es fein säuberlich aus unserer Interaktion mit Menschen herausdestillieren wollen, haben wir aufgehört, uns auszudrücken. Wir haben aufgehört, den unablässigen Strom von Gefühlen und Gedanken in uns wahrzunehmen, anzuerkennen und mitzuteilen. Wir haben aufgehört, echt zu sein.

Das wahre *Ich-bin-auf-dich-bezogen* bedeutet Öffnung. Wir fassen den mutigen Entschluss, vor dem anderen keine Schranken aufzubauen, uns nicht hinter einer Maske oder falschen Worten zu verbergen. Wir drücken unser Lebendigsein aus. Indem wir das tun, ermutigen wir wiederum den anderen, sein Lebendigsein für uns auszudrücken.

Damit ist natürlich nicht gemeint, dass wir unseren Schmerz und unsere Wut dem anderen um die Ohren hauen. Wir sollten nicht vergessen, dass unser Bezogensein aufeinander ein Tanz ist, eine Form von Kunst.

Um das wahre *Ich-bin-auf-dich-bezogen* leben zu können, brauchen wir all unsere Intelligenz, unser Geschick und unsere Intuition. Wir brauchen unser Handwerkszeug Achtsamkeit, um bei uns bleiben zu können, während wir gleichzeitig völlig präsent sind für den anderen. Wir müssen wie ein Tänzer üben, den genauen Ausdruck für das, was uns bewegt, zu finden; ein Ausdruck, der den anderen weder abweist noch überwältigt, sondern ihm als Geschenk überreicht wird in dem weiten, offenen Raum, den wir alle miteinander teilen.

Das Geschenk besteht in der authentischen Begegnung, in der Berührung zweier Menschen.

Welches der genaue Ausdruck in der gegebenen Situation ist, müssen wir selbst immer aufs Neue herausfinden. Vielleicht verabreden wir uns miteinander an einem Samstagmittag um drei, um uns auszusprechen. Vielleicht schreiben wir einen Brief, oder wir setzen uns spontan ins Auto, um überraschend mit einem Blumenstrauß vor jemandes Tür zu stehen. Vielleicht ziehen wir uns eine Weile zurück, um mit uns ins Reine zu kommen, bevor wir auf den anderen zugehen. Vielleicht ist es richtig, ihn oder sie mit unserem Schmerz zu konfrontieren, falls es Schmerz ist, den wir ausdrücken wollen. Das Ziel der Zen-Praxis ist es nicht, uns »lieb und nett« zu machen. Wir sind aufgefordert, inspirierte und inspirierende Künstler des Lebens zu werden, und Kunst, die etwas bewegt, enthält immer das

Element der Provokation. *Ich-bin-auf-dich-bezogen* und *Du-bist-auf-mich-bezogen* ist eine Herausforderung. Werden wir sie annehmen?

Tief in der Arbeit

In meinem täglichen Leben ist nichts,
als was mir jeweils von selbst zufällt.
Nichts ergreifend oder zurückweisend
gibt es kein Hindernis, keine Trennung.
Ich habe kein anderes Ehrengewand
als der blauen Berge strahlende Klarheit.
Meine wunderbare magische Kraft
liegt im Wasserholen und Holzhacken.

P'ANG-YÜN

Vom Kochen der Suppe

Als Ignaz Paderewski Pianist werden wollte und verschiedenen Professoren am Warschauer Konservatorium vorspielte, wurde ihm gesagt, seine Hände seien ungünstig geformt; aus ihm werde nie ein guter Pianist werden, er solle sich seinen Berufswunsch aus dem Kopf schlagen. Paderewski dachte nicht daran. Er übte unablässig, seine Hände schmerzten, und es wird behauptet, dass bei einigen seiner Konzerte die Hände sogar geblutet hätten. Paderewski *wurde* ein guter Pianist.

Ein Künstler braucht, um sein Metier ein Leben lang zu befolgen, Leidenschaft, Disziplin, Konzentration, Geduld und Mut.

Wie anspruchsvoll, werden Sie sagen. Aber seien Sie nicht verzagt. Sie haben schon all diese Eigenschaften, auch wenn Sie sich ihrer vielleicht nicht bewusst sind.

Die Liste beginnt nicht zufällig mit Leidenschaft. Sie ist die Voraussetzung; ohne sie nimmt keine Malerin den Pinsel in die Hand, kein Schriftsteller den Stift. Leidenschaft ist das tiefe, brennende Interesse an einer Sache; die Unruhe, wenn uns die Umstände an der Beschäftigung mit dieser Sache hindern; die Welle von Begeisterung, die uns überrollt, wenn wir uns dem Gegenstand unseres Interesses zuwenden können. Wo Leidenschaft ist, brauchen wir keine Entscheidung zu treffen; Leidenschaft trifft sie für uns. Was wir also entwickeln müssen, wenn wir Künstler des Lebens werden wollen, ist die Leidenschaft für unser eigenes Leben.

Und das haben die Wenigsten von uns. Unser Leben erscheint uns zumeist wie ein uralter Freund: Wir meinen ihn in- und auswendig zu kennen, er hat uns keine Überraschung mehr zu bieten, und überhaupt scheinen seine Schwächen im Lauf der Zeit die Stärken verschluckt zu haben. Wenn die Langeweile Ihres Lebens die Leidenschaft verschluckt hat, sollten Sie energisch zur Tat schreiten. Leidenschaft muss genährt werden, und sie liegt nicht in den äußeren Gegebenheiten, sondern in uns. Sie könnten zum Beispiel den Entschluss fassen, ein leidenschaftliches Interesse am Suppekochen zu entwickeln.

Das Suppekochen wird im Allgemeinen gewaltig unterschätzt. Von Bedeutung ist bereits die Wahl des Topfes. Nehmen wir den mit dem Glasdeckel (da sehen wir die Suppe kochen, was der Leidenschaft förderlich ist) oder lieber den Dampfdrucktopf (da kommen wir schneller zum Essen – was das für die Leidenschaft bedeutet, müssen wir uns gut überlegen). Dann folgt die wichtige Frage, wie viel Suppe wir kochen wollen (können wir es uns wirklich leisten, Suppe für Tage vorzukochen – wie viel Leidenschaft werden wir entwickeln beim Aufwärmen der Suppe)? Jetzt legen wir das Gemüse zurecht: Karotten, Zucchini, Lauch, Sellerie und Kartoffeln. Welche Metamorphosen macht Gemüse durch, wenn es mit dem Sparschäler geschält wird! Karotten wandeln sich zu strahlendem Orange, Kartoffeln werden cremig-hell, und Sellerie sendet Duft aus. Wie erstaunlich ist die unterschiedliche Konsistenz, in die unser Messer fährt. Jetzt beginnt auch der Lauch zu riechen (wir putzen uns die Nase). Unsere Ohren schwirren vom Klackern des Messers auf dem Brett. Man muss sich tatsächlich die Frage stellen, wie die menschlichen Sinne das Suppekochen jahrzehntelang so ohne weiteres verkraften können. Das Einfüllen des Wassers in den Topf ist geradezu eine Wohltat (am Boden schimmern Salzkristalle). Jetzt tanzt das Gemüse auf dem Brodeln, wir geben den Deckel auf den Topf (und Hunderte winziger Wasserperlen lassen sich auf ihm nieder).

Wenn Sie Leidenschaft haben für das, was Sie tun, stellen sich die anderen Eigenschaften von selber ein. Bis zu dem Punkt, an dem das Gemüse auf dem Wasser tanzt, haben Sie bereits Konzentration geübt, andernfalls hätten Sie sich in den Finger geschnitten. Geduld lässt Sie ausharren, bis das Gemüse gar ist, und es war vielleicht die Disziplin, sich gesund zu ernähren, die Sie überhaupt zum Suppekochen gebracht hat – Sie hätten sich ja auch eine Tiefkühlpizza erwärmen können.

Wenn wir die einzelnen Eigenschaften für sich betrachten, erscheinen sie bedrohlich. Disziplin klingt nach strenger Zucht und dem Verbot, die Arbeit zu unterbrechen, um eine halbe Stunde in der Sonne zu sitzen. Konzentration ist das, was uns Falten zwischen die Brauen kerbt, und Geduld scheint uns jede spontane Handlung zu verbieten. Mit Leidenschaft als Grundlage aber werden sie brauchbare Werkzeuge für die Verwandlung unseres Lebens.

Leidenschaftliche Disziplin gibt uns die Kraft, fünf Tage in der Woche nach Büroschluss die Abendschule zu besuchen, um eine heißersehnte Fähigkeit zu erlernen. Mit leidenschaftlicher Konzentration versenken wir uns im überfüllten Vorortzug in das Buch, das uns interessiert. Mit leidenschaftlicher Geduld setzen wir uns Morgen für Morgen auf unser *zafu* für die von uns vorher festgelegte Zeit, obwohl wir nicht wissen, warum wir das tun und das Gefühl haben, wir hätten genauso gut zwanzig Minuten länger schlafen können. Es sind diese Eigenschaften, die den Künstler jeder Profession ausharren lassen, wenn weit und breit kein »Fortschritt« oder irgendein Ergebnis der Bemühung zu sehen ist. Eines Tages wird sich das, was sich innen vorbereitet, im Äußeren manifestieren. Bis dahin fahren wir fort mit dem, was wir zu tun haben – geduldig, konzentriert und diszipliniert.

Und was ist mit dem Mut? Ich glaube, wir brauchen unseren Mut für alles, was wir beginnen. Genau genommen ist es sehr mutig von uns, am Morgen den Fuß auf den Boden zu setzen und vertrauensvoll in den Tag zu gehen. Es ist mutig, sich auf die Straße zu wagen, Menschen zu treffen und ihnen freundschaftlich zu begegnen. Es war mutig von Ignaz Paderewski, sich über die Meinungen von scheinbaren Autoritäten hinwegzusetzen, um allein der inneren Stimme zu gehorchen.

Wir brauchen leidenschaftlichen Mut, um das tägliche Sterben vieler kleiner Einzelheiten unseres Lebens auszuhalten, neu anzufangen und weiterzugehen. Wir brauchen den Mut, nach der aufgegessenen Suppe eine neue zu kochen, noch eine und noch eine. Mit derselben tiefen Leidenschaft für das Wesen ihrer Zutaten, für ihren Duft, ihre Farbe und ihre Konsistenz.

Veränderung als Herausforderung

Wenn ich in einem Satz eine Definition des Künstlers geben sollte, würde ich sagen: Ein Künstler ist ein Mensch, für den Veränderung eine Herausforderung ist.

Es ist eine Herausforderung für den Pianisten, ein neues Werk einzustudieren. Es ist eine Herausforderung für den Maler, sich vom Naturalistischen ab- und der Abstraktion zuzuwenden. Es ist eine Herausforderung für uns, den Beruf zu wechseln, zu heiraten, ein Kind zu bekommen und die alte Mutter bei uns aufzunehmen, um sie zu pflegen. Warum tun wir das alles? Warum verlassen wir die Geborgenheit unseres gewohnten Lebens und die Sicherheit, die es uns gibt, um uns der Unsicherheit des Neuen auszusetzen? Wir tun dies aus demselben Grund, aus dem ein Schauspieler von dem einen Rollenfach ins andere wechselt: Etwas – in uns oder in den Umständen selbst – drängt uns dazu, unsere Ausdrucksmöglichkeiten zu erweitern.

Das *Leben* ist ständig im Fließen. Alles ist unbeständig, sagte der Buddha, und das heißt: Es gibt keine feststehenden Größen, es gibt nur ein unablässiges Werden, ein Sichverwandeln alles Seienden. Und wir fließen mit, sind selbst immerfort Werdende. Jeder von uns begreift, dass es das große Werden ist, das uns von der Geburt über die Jugend und mittleren Jahre in das Sterben trägt. Wir können uns dem Altwerden nicht widersetzen, auch wenn wir es noch so sehr wünschen würden. Aber auch jede unserer Fähigkeiten, jede menschliche Begegnung, jede Lebensform ist dem Werden unterworfen und muss, wenn das *Leben* die Konstellationen verändert hat, aufgegeben und in Neues verwandelt werden.

Unsere Kinder verlassen das Haus, unsere Partnerin will die Scheidung, unsere Firma rationalisiert uns weg. Freunde, die seit Jahren unser Leben teilten, verschwinden allmählich und lautlos aus unseren Augen; Interessen, die wir pflegten, verlieren ihre Bedeutung. Wir verlassen den Chor, den Sportverein; wir fühlen uns plötzlich unwohl in dem gewohnten Kleidungsstil und verschenken die Blazer, die Jeans, die Rüschenblusen. Ähnelt das nicht der Situation, die wir eingangs »der Ruf« nannten? Muss uns somit nicht immer wieder die große, alles umwälzende Unruhe befallen, die uns den Boden unter den Füßen wegzieht und uns ratlos und hilflos im scheinbaren Nichts stehen lässt? Nein, denn an dem Punkt, an dem wir mit unserer Praxis jetzt sind, können wir etwas Wichtiges erkennen: Der Ruf erfolgt tatsächlich in jedem gegebenen Moment, er ist Teil des *Lebens*, und wir können uns ihm vertrauensvoll überlassen als der Kraft, die unser Leben unaufhörlich wandelt. Tatsächlich haben wir gar keine Wahl, wenn wir nicht vom *Leben* überrollt und zerbrochen werden wollen.

»Alles, was ich liebe, werde ich eines Tages verlieren«, heißt es in den fünf Kontemplationen des Buddha. Aussagen wie diese haben dem Buddhismus im Westen den Ruf eingetragen, nihilistisch zu sein. Aber Klarheit und Nüchternheit sind nicht nihilistisch; es ist unsere verschreckte Reaktion auf diese schlichte Wahrheit, die uns Probleme macht. Können wir die Sache einmal von der anderen Seite betrachten und Unbeständigkeit und unablässiges Werden als Herausforderung sehen?

Ein Schauspieler, der sich auf den einen Rollentyp festgelegt hat, den er beherrscht, stagniert. Eine Schriftstellerin, die weiter die kurzen Gedichte schreibt, mit denen sie bekannt wurde, verliert ihre künstlerische Lebendigkeit. Wir verlieren unsere Lebendigkeit, wenn wir uns an den Beruf, die Partnerschaft oder Lebensform klammern, die vor zwanzig Jahren einmal stimmig waren, jetzt aber eng geworden sind. Wir verlieren unsere Lebendigkeit, wenn wir an unseren Urteilen, Meinungen und Überzeugungen festhalten und nicht erkennen, dass sie vorübergehende Reaktionen auf das *Leben* sind. Wir müssen das Alte loslassen, um Platz zu machen für Neues. Wir sind vom Leben dazu aufgefordert, unsere Ausdrucksmöglichkeiten zu erweitern.

Wenn wir kooperativ mit dem *Leben* zusammenarbeiten, wird der Vorgang harmonisch ablaufen und keine großen Scherben hinterlassen. Wir können uns natürlich auch bockig verhalten, dann wird das *Leben* die Aufgabe früher oder später für uns übernehmen. Das läuft im Allgemeinen nicht ganz so harmonisch ab, und wenn wir die Verwüstung, die das *Leben* angesichts unseres Widerstandes anrichten kann, einmal in aller Schärfe erfahren haben, werden wir künftig klüger sein.

Das heißt nun aber nicht, dass wir uns nicht unsicher fühlen dürften inmitten der Veränderung. Der Entschluss, unsere Freiheit aufzugeben und jemanden zu heiraten, den wir doch eigentlich lieben, kann in uns Ängste bis zur Panik auslösen. Wir haben zwar den alten Beruf nie gemocht, aber wenn wir die ersten Schritte in dem neuen tun, können uns Unsicherheiten überfallen, die allen Verdruss in den Schatten stellen, den uns der alte Beruf bereitet hat. Veränderung ist eine große Herausforderung und rührt den Bodensatz an Ängsten, Zweifeln und Pessimismus auf, der sich am Grund unseres Geistes befindet.

Was tun wir also, wenn das Leben uns mit Veränderung konfrontiert? Wir sammeln unseren Atem, setzen behutsam Schritt vor Schritt und richten das Licht der Achtsamkeit auf jeden einzelnen Moment. Der Augenblick wird uns sagen, was er von uns erwartet. Wir dürfen ihm trauen: Er ist eine Manifestation des unablässigen Werdens.

Fehler über Fehler, und dennoch …

Die amerikanische Malerin Agnes Martin sagte einmal in einem Vortrag über die künstlerische Arbeit, sie sei ein Hindurcharbeiten durch Fehler und Enttäuschungen bis hin zur Niederlage. Aber dennoch, sagte sie, wache ein Künstler jeden Morgen auf und mache weiter.

Ja, das kennen wir alle. Unaufhörlich stellt sich jemand oder etwas als Enttäuschung heraus; wir geben uns Mühe, aber die Niederlagen lauern in jedem Neubeginn; wir machen Fehler, täglich Dutzende, und stranden am Abend vernichtet auf der Kante unseres Bettes in dem Gefühl, wieder einmal versagt zu haben.

Die Begriffe Fehler, Enttäuschung und Versagen sind uns allen geläufig. Und doch müssen wir, als Künstler des Lebens, sie genau befragen: Zeigen sie uns nicht deutlich, dass wir *diesen Augenblick* wieder einmal verlassen haben?

Ich habe einen Fehler gemacht: Ich habe den wichtigen Brief verlegt, eine falsche Entscheidung getroffen, einem aufrichtigen Menschen misstraut. Mein Fehler hat Folgen: Er führt zu einem Freundschaftsbruch, zu Geldverlust, zu Ärger. Verluste und Ärger sind schmerzhaft, aber sind wir wirklich bereit, uns diesem Schmerz auszusetzen? Oder überlagern wir den Schmerz nicht vielmehr mit dem Begriff des »Versagens« und beschäftigen uns eingehend und gequält mit der Vorstellung, was wir an Stelle des Getanen hätten tun sollen, warum und wieso wir es nicht getan haben und warum und wieso wir es – und wie – vielleicht (wenn wir dann nicht so gequält sind) beim nächsten Mal »besser« machen können?

Wo Ent-täuschung ist, war vorher eine Täuschung. Somit wäre Enttäuschung eine gute Nachricht, ein Augenblick der Klarheit und Bewusstheit. Warum bereitet Enttäuschung uns dann so ein nagendes Gefühl, warum klagen wir unendlich über die Tatsache, enttäuscht (worden) zu sein? Tun wir das nicht deshalb, weil wir im Grunde noch immer an dem Inhalt der Täuschung hängen, ihn hätscheln und pflegen, weil er uns angenehmer, schöner, erstrebenswerter erscheint als das, was ist?

Wenn ein Tänzer auf der Bühne einen falschen Schritt setzt und stolpert, wird sein durchtrainierter Körper automatisch reagieren und das Gleichgewicht wieder herstellen. Dieser Ausgleich geschieht im Bruchteil einer Sekunde und ohne einen einzigen Gedanken. Vielleicht wird der Tänzer hinterher seinen Auftritt analysieren und feststellen, dass er an diesem Punkt einen »Fehler« gemacht hat. Wenn er aber im Augenblick des Geschehens zu denken anfinge, würde er mitten auf der Bühne zu einer Salzsäure erstarren. Dann wäre er ein Denker und kein Tänzer mehr.

Es gibt eine weitere Antwort der alten Zen-Meister auf die Frage, was Zen ist. Sie lautet: »Geh weiter!« Wenn deine Unachtsamkeit dir einen Verlust und der Verlust dir brennenden Schmerz beschert hat: Geh weiter! Was sonst willst du tun? Stehen bleiben und zur Salzsäure erstarren? Wenn dir deine Unachtsamkeit radikal bewusst wird und du bereit bist, ihre Folgen auszuhalten, ohne vor ihnen davonzulaufen, dann *ist* dein Aushalten Achtsamkeit. Die Achtsamkeit ist, wie wir inzwischen wissen, Energie: Sie wird sich um deine Unachtsamkeit kümmern und auch um ihre Folgen.

Und so wacht der Künstler jeden Morgen auf und macht weiter. *Dennoch* ist das Wort, das uns als Künstler des Lebens bewegt. Es ist das Scharnier, das uns erlaubt, eine Wendung zu machen, bevor wir an eine Mauer prallen. Es ist die umgeblätterte Seite, der neue Morgen, der frische Blick. Ja, wir haben Fehler gemacht, Verluste erlitten und bereitet. Dennoch: *dieser Augenblick* ist neu, noch nie gewesen! Dieser Augenblick kann uns nicht enttäuschen, weil wir noch keine Gelegenheit hatten, uns einer Täuschung über ihn hinzugeben. Als gelebter Augenblick kann er nie Gegenstand der Täuschung sein, nur als erinnerter oder erhoffter. Es liegt an uns, den vergangenen Augenblick vergehen zu lassen und den neuen frisch zu erleben.

Lass andere Leute die Vorhänge zählen

»Du musst ein- für allemal aufgeben, dir über Erfolg oder Misserfolg Gedanken zu machen«, sagte Anton Tschechow. »Kümmere dich nicht darum. Du hast die Pflicht, Tag für Tag ruhig weiterzuarbeiten, auf unvermeidliche Fehler gefasst zu sein, auf Misserfolge – und lass andere Leute die Vorhänge zählen.«

Tschechow hatte Tuberkulose. Er saß in Badenweiler, hatte Schmerzen und spuckte Blut – was kümmerte ihn der Beifall von unbekannten Menschen im fernen Moskau. In den Grenzsituationen unseres Lebens wissen wir, was zählt. Die Liebe gehört dazu, Verständnis, Gesundheit und ein Dach über dem Kopf. »Erfolg« gehört nicht dazu.

Wenn wir nach Erfolg schielen, verpassen wir wieder einmal den gegenwärtigen Augenblick. Wenn ein Maler beim Malen schon an die Ausstellung denkt, die ihm viel Geld einbringen könnte, versäumt er, das zu tun, was *jetzt* zu tun ist: Seine Linien zu setzen, mit den Farben zu sprechen, seine Bildaussage zu befragen. Wenn wir beim Zenüben an die Erleuchtung denken, die uns winkt, an die große umwälzende Erfahrung oder daran, eines Tages selber Zen zu lehren, dann vergessen wir, unsere Arbeit *jetzt* zu tun: zu atmen, zu gehen und wahrzunehmen, was ist. Die Zukunft ist in diesem Augenblick enthalten. Seine Qualität bestimmt die Qualität der nächsten Sekunde, der nächsten Stunde, der nächsten Woche.

Erfolg ist das Urteil anderer Menschen über unsere Arbeit. Welchen Wert wollen wir dem Urteil völlig fremder Menschen einräumen? Natürlich ist es immer sinnvoll, sich von anderen spiegeln zu lassen. Aber geben wir ihrem Urteil mehr Gewicht als unserem? Wir sollten auch nicht vergessen, dass der Beifall unserer *Arbeit* gilt. Künstler unterliegen da manchmal einem Irrtum, der zum Leiden führt. Da sie so viel von ihrem innersten Sein in ihre Arbeit legen, hoffen sie häufig insgeheim – und meistens unbewusst –, für ihre Arbeit geliebt zu werden. Leider sind Lob und Liebe zwei völlig verschiedene Dinge. Das weiß der Schauspieler, der nach der umjubelten Vorstellung alleine im Hotelzimmer sitzt; das weiß die Mutter, die für die Tochter ein Geburtstagsfest ausgerichtet hat und mit einem flüchtigen Dank abgespeist wird.

Wenn wir Erfolg »haben«, dann muss er ja irgendwo sein. Können wir ihn anfassen, in die Vitrine stellen, ins Album kleben? Haben wir unseren Erfolg vom letzten Jahr irgendwo konserviert? Vielleicht haben wir für eine gute Arbeit eine Prämie bekommen: zweitausend Euro, die wir gespart haben. Was aber haben wir auf dem Sparkonto, den Erfolg? Oder einfach zweitausend Euro? Vielleicht hatten wir Erfolg mit einer Unterschriftenaktion: Fünfhundert Nachbarn haben gegen die geplante Abholzung einer Allee protestiert. Was sehen wir, wenn wir durch die Allee gehen: unseren Erfolg? Oder einfach eine schöne Allee?

Dieselben Kriterien gelten auch für den so genannten Misserfolg. Wir haben von dem so vielversprechenden Produkt wider Erwarten nur hundert Stück verkauft. Was sehen wir, wenn wir ins Lager schauen: unseren Misserfolg? Oder sechstausendneunhundert Exemplare des Produkts? Wir haben ein Pflaumenbäumchen in den Garten gepflanzt, und es ging ein. Was sehen wir auf dem Kompost: unseren Misserfolg? Oder ein verkümmertes Pflaumenbäumchen?

Erfolg und Misserfolg sind Produkte unseres Geistes. Sie entstehen durch Vergleich (dies ist nicht so, wie ich es mir vorgestellt hatte) und beziehen sich auf ein Ich, das den Erfolg und Misserfolg »hat«. Der Buddha lehrt uns eine andere Betrachtungsweise: Wenn die Bedingungen entsprechend sind, kommt etwas ins Sein. Wenn die Bedingungen nicht mehr bestehen, geht etwas aus dem Sein hinaus.

Das *Leben* erschafft und zerstört, und wir sind ein Teil dieses Prozesses. Wenn die Bedingungen entsprechend sind, kommt der Erfolg. Wenn die Bedingungen nicht mehr bestehen, geht der Erfolg. Unsere Pflicht ist es, Tag für Tag ruhig weiterzuarbeiten. Wir tun unser Bestes, in jedem gegebenen Augenblick. *Unser* Bestes mag nicht das Beste von Jesus oder Mutter Teresa sein und vielleicht nicht einmal das Beste von Herrn Meier von nebenan. Vielleicht ist unser Bestes von heute nicht unser Bestes von gestern, und unser Bestes von morgen wird völlig anders sein. Unser Bestes besteht immer in unserer Klarheit und Präsenz, mit der wir tun, was wir zu tun haben.

Und lassen wir andere Leute die Vorhänge zählen.

Vom Risiko, das Leben einzuladen

Es ist mutig von uns, zu beschließen, Künstler des Lebens zu sein. Wahre Kunst ist immer neu, überraschend, nie dagewesen. Wir machen uns also auf, etwas zu erschaffen, von dem wir nicht wissen, was es beinhalten wird. Ein Anwalt weiß zumindest, wie eine Gerichtsverhandlung abläuft, auch wenn ihr Ergebnis offen ist. Eine Chirurgin weiß, wie eine Operation verläuft, ein Buchhalter, wie man einen Abschluss macht. Aber Kunst findet nur zum kleinsten Teil auf der Sachebene statt, vor allem nicht die Kunst des Lebens. Wir müssen all unsere Gefühle, Gedanken, die Menschen um uns herum, das Wetter, die Politik, unsere Stimmung und unsere ganze Geschichte in das Kunstwerk hineinnehmen, von all dem Unbekannten, Unsichtbaren ganz zu schweigen. Wir gehen mit unserem Entschluss ein Risiko ein.

Der Duden definiert das Wort »Risiko« mit »Wagnis, Gefahr, Verlustmöglichkeit, gewagtes Unternehmen, Verantwortung«.

Der Begriff »Verantwortung« ist erst einmal überraschend in dieser Reihung. Aber wie alles Überraschende ist er die Glocke der Achtsamkeit, die uns hilft, das Risiko zu begreifen und zu meistern. Ein Risiko einzugehen, voll bewusst und entschlossen, ist eine wahre Zen-Haltung: Wir laden das *Leben* selber ein, sich durch unser Leben auszudrücken. Wenn man unbekannte Gäste von dieser Größenordnung einlädt, muss man auf Überraschungen gefasst sein. Vielleicht räumen sie unser Wohnzimmer aus und werfen die Möbel auf den Müll, um mehr Platz zu haben. Vielleicht reißen sie den Zaun zum Nachbargarten ein und bitten die Nachbarschaft zum Tanz.

Wenn wir wahrhaft Zen üben, kraftvoll und mit unserem ganzen Einsatz, dann wird das *Leben* auf der Stelle vor unserer Tür stehen – es hat nämlich nur auf unsere Einladung gewartet. Sein Wesen ist es, sich in alle Kanäle zu ergießen, die sich ihm öffnen. Wenn wir uns zu einem Kanal machen, sind wir voll verantwortlich für alles, was dabei herauskommt. Wir können nicht jammernd in der Ecke sitzen, während das *Leben* unser Haus ausräumt. Wir werden irgendetwas tun müssen, sonst werden wir selbst mit weggeräumt. Wir können auch nicht die Polizei rufen, wenn auf einmal die halbe Stadt auf unserer Schwelle steht. Wir haben das *Leben* bei uns zu Gast, und das *Leben* ist keine nette, höfliche Person, die wir nächste Woche um drei mal eben zum Kaffee bitten. *Leben* einzuladen ist das große Risiko. Und wir haben die Verantwortung, mit ihm auf fruchtbare Weise umzugehen.

Wir haben ein paar Monate oder Jahre Zen geübt. Das Zen hat viel Gutes für uns bewirkt. Vielleicht hat sich unsere Gesundheit verbessert, sind wir emotional stabiler, haben wir unseren Alltag von überflüssigen Dingen, Gedanken und Beschäftigungen befreit. All das kann eine Auswirkung der Zen-Praxis sein, und es ist selbstverständlich wertvoll und zu begrüßen. Aber im Tiefsten ist es nicht wahres Zen. Das wahre Zen öffnet unsere Haustür sperrangelweit und lädt das *Leben* ein. Vielleicht passiert uns das wahre Zen erst dann, wenn wir stabiler, gesund und frei von Ballast geworden sind. Vielleicht schlüpft *unser* wahres Zen durch die Hintertür ins Haus, oder es schiebt sich in der Nacht durchs Fenster. Wir wachen morgens auf und stellen fest: Wir können so nicht weiterleben, wie wir jahrzehntelang gelebt haben.

Die tiefe und kraftvolle Zen-Übung fegt aus unserem Leben alles hinaus, was nicht hineingehört. Wir wissen nicht, was da entrümpelt werden wird; es könnte vielleicht gerade das uns Liebste sein. Ich kenne Zen-Schüler, die sich nach einiger Zeit der Praxis von ihrem Ehepartner getrennt haben. Andere haben den Beruf gewechselt oder die Art seiner Ausübung, sind umgezogen oder ins Kloster eingetreten. Andere wiederum haben tiefe Gefühle für einen Menschen entwickelt, der bisher unbeachtet an der Peripherie ihres Lebens stand. Sie haben Talente in sich entdeckt, die vorher verschüttet waren, und Fähigkeiten, von denen sie sich nie etwas träumen ließen.

Das Risiko, das wir eingehen, wenn wir beschließen, Zen zu üben, beinhaltet, wie der Duden weiß, die Gefahr des Verlusts. Aber diese Verluste sind nicht die Auswirkung eines blind waltenden Schicksals, dem wir unterworfen sind. Es sind auch nicht die Verluste, die unser Ego aus seinem Eigenwillen heraus inszeniert und die wir für gewöhnlich früher oder später bedauern. Die Verluste, die das Zen uns bereitet, entstehen aus der Wahrheit des unablässigen Werdens, und deshalb hat das Eingehen eines Risikos viel mit Wahrhaftigkeit zu tun. Wir beschließen, uns anheim zu geben dieser unsichtbaren Kraft namens *Leben*. Unser Ego wird das nicht mögen, es wird sogar heftig protestieren. An dem Punkt aber, an dem wir jetzt mit unserer Zen-Praxis stehen, wird uns die plärrende Stimme des Egos vertraut sein und nicht mehr einschüchtern können. Das *Leben* hat bereits angefangen, die Türen unseres Hauses aus den Angeln zu heben.

Nun ist ein Risiko natürlich gefährlich. In jedem Augenblick lauert die Gefahr, dass wir kleinmütig werden, ängstlich, verzagt. In jedem Augenblick haben wir die Wahl, mutig vorwärts zu schreiten oder aufzugeben. Was hält uns am tapferen Weitergehen, wenn das Risiko namens *Leben* uns zu überwältigen droht? Das Wort »Verantwortung« mag uns hier weiterhelfen.

Verantwortung klingt für viele Menschen nach einer Bürde: Wir »tragen« sie, und wir tragen zumeist schwer daran. Sie ist die Last auf unseren Schultern, das Gewicht, das uns an der Freude hindert, am spontanen Sein. Für wen sind wir verantwortlich? Sind es unsere Kinder, die Eltern, die Kollegen, ist es unser Partner, die Aufgabe im Beruf? Das Haus, der Garten, das Tier, die Nachbarn? Oder sind wir, wie wir vielleicht in einer Therapie gelernt haben, verantwortlich allein für uns selbst? Ist diese Frage, wenn wir Intersein bedenken, nicht falsch gestellt? Übernehme ich nicht, wenn ich für mich selbst verantwortlich bin, automatisch die Verantwortung für alle anderen?

Ich möchte auch das Substantiv »Verantwortung« auflösen in eine Tätigkeit: »Ich verantworte«. Jetzt sehen wir, dass in »verantworten« das Wort »antworten« steckt, und zu antworten ist unsere Aufgabe. Wir müssen nichts als Bürde »tragen«; es gibt weit und breit keine Last auf irgendjemandes Schultern. Wenn wir das Risiko eingehen, das *Leben* einzuladen (Zen zu üben), dann haben wir auf seine wie auch immer geartete Bewegung in unserem Leben zu antworten. Wir könnten ihm zum Beispiel beim Ausräumen des Wohnzimmers helfen oder ihm energisch erklären, dass dieser Sessel unser Lieblingssessel ist und hier zu bleiben hat. Wir könnten ihm auch die Axt reichen und fröhlich dabei zusehen, wie es den Ballast unseres Lebens in kleine Stücke hackt.

Das *Leben* ist immer überraschend, immer neu, nie dagewesen. Es wird sich nie zweimal auf dieselbe Weise äußern, und deshalb ist es eine Herausforderung: Wir, als Künstler des Lebens, müssen völlig wach und präsent sein, um auf das Unbekannte schöpferisch antworten zu können. Ich glaube, das *Leben* will nicht von uns, dass wir mühsam die Last der Verantwortung tragen: Es will uns als Spielkameraden und Tanzpartner.

Wenn wir mit dem *Leben* zu tanzen beginnen, wird es uns herausfordern, unsere Kraft an seiner zu messen. Werden wir die Kraft und den Mut haben, gleichberechtigte Partner zu sein?

Die Große Stille

Ja, wenn wir kraftvoll Zen üben, gehen wir Risiken ein. Wir nehmen Herausforderungen an, die sich uns stellen; wir laden das unablässige Werden ein, uns zu verwandeln. Wir handeln ohne zu zögern, wenn dies der Augenblick erfordert; wir lernen, eine authentische und unmittelbare Antwort zu geben, wenn dies von uns verlangt wird. Das alles gehört zu den dynamischen Aspekten der Übung. Was aber speist unsere Kraft, worauf ruht unsere Tat? Wir könnten den Grund der Allesbewegtheit vielleicht die Große Stille nennen.

Ein Vorgeschmack davon ist die Abwesenheit von Geräuschen, die wir als Schüler des Zen im *zendo* erleben. Eine Sitzrunde beginnt. Jeder korrigiert noch einmal rasch seine Sitzposition, legt sich ein Tuch um die Schultern, lockert die Handgelenke. Die Glocke erklingt, der Klang fließt in spürbaren Wellen durch den Raum und schwingt aus. Unser Körper scheint offen zu stehen wie eine Tür; der Klang schwingt einfach durch uns hindurch und erzeugt – vielleicht im Solarplexus oder zwischen den Schulterblättern – eine feine Vibration. Auch diese glättet sich wie die Welle auf dem Ozean, und dann ist sie auf einmal spürbar und greifbar da: die Stille.

In unserem Alltag sind wir es vielleicht gewohnt, ständig Geschäftigkeit zu verbreiten. Selbst wenn wir allein sind, sind wir nicht still: Wir schalten das Radio an, den Fernseher oder sprechen mit uns selbst. In der Stille des *zendo* wird sich deshalb, wie wir gesehen haben, der in uns angesammelte Lärm erst einmal äußern in Form von Gedanken und Gefühlen. Diese Arbeit mit den Inhalten unseres Geistes kann Jahre dauern und kommt in gewissem Sinn nie zu einem Ende. Dennoch wird sich unser Verhältnis zur Stille im Lauf unserer Praxis wandeln. Zuerst war Stille die Abwesenheit von Geräuschen, die eher Entzugserscheinungen hervorrief; dann wurde sie ein leerer Raum, in dem sich unsere Geistesinhalte zeigten. Jetzt wird die kleine Stille zur Großen Stille, die uns nährt und trägt.

Jahrelange Zen-Praxis hat – so verschieden die Menschen auch sein mögen – bei jedem von uns denselben Effekt: Sie vereinfacht unser Leben. Das hat einen äußeren Aspekt und einen inneren.

Wenn wir es uns zur Haltung gemacht haben, beim Klingeln des Telefons innezuhalten und dreimal zu atmen, werden wir auf dem anschließenden Weg zum Telefonapparat gewisse Möbelstücke als Hindernisse empfinden. Die Kommode ist zu groß für den Flur, der Stuhl an der Ecke überflüssig, der Teppich rutscht, und wir mit ihm. Das Innehalten hat unsere Achtsamkeit geschärft;

jetzt sehen wir auf einmal, wie sehr uns die wallende Tischdecke und der Zeitungsstapel auf dem Boden die Bewegungsfreiheit nehmen.

Wenn wir es uns zur Gewohnheit gemacht haben, in uns hineinzulauschen und unsere innere Stimme um Antwort oder auch Frage zu bitten, werden wir ein ständig dudelndes Radio als störend empfinden. Wir werden in Achtsamkeit essen wollen, Bissen für Bissen, und deshalb vielleicht für die Zeit des Essens den Anrufbeantworter einschalten.

Unsere Augen werden einen anderen Blick bekommen: Es wird ein Blick sein, der sich nicht mehr besitzergreifend der Welt bemächtigt, sondern sich öffnet, um die Welt durch die Augen hereinzulassen. Wie viel an Welt können wir in unserer näheren Umgebung ertragen? Wollen wir wirklich dieses Bild in schreienden Farben, mit dem wir jahrzehntelang gelebt haben, weiterhin auf uns einstürmen lassen? Wollen wir dem Berg von Nippes, der sich auf Regalen und Tischen angesammelt hat, weiterhin gestatten, uns zu belästigen? Wie viele unserer Bücher werden wir nochmals lesen; mit wie vielen Uhren wollen wir leben; wie viele Sofakissen, Gläser, Pfannen, Tassen und Teller brauchen wir? Braucht der Mensch zum Glücklichsein Spaghettitöpfe, Eierkocher, Buttermesser, Käseglocken und Staubpinsel?

Die Wahrscheinlichkeit ist groß, dass eine jahrelange Zen-Praxis unsere Wohnung entrümpelt, geradezu von selbst. Wir gehen durch unsere Räume, ein Ding fängt unseren Blick und nebenbei, ganz selbstverständlich, sehen wir ohne jeden Zweifel, dass es überflüssig ist. Gleichzeitig aber geschieht dasselbe in unserem Inneren.

Wir haben jahrelang liebevolle Erinnerungen gehegt: unsere erste Liebe, die Reise nach Indien, den toten Hund. Wir haben uns schöne Momente unseres Lebens aus dem Dunkel der Vergangenheit herbeigezaubert und zur Gegenwart gemacht, um der Gegenwart mehr Glanz zu geben. Achtsamkeit aber zeigt uns, dass der Augenblick, wie er ist, mehr Glanz enthalten kann als alle Erinnerungen zusammengenommen. Unmerklich werden die Reise, die erste Liebe und der Hund sich zurückverwandeln von einer Konkretheit in so etwas wie Energie: in eine Art Restwärme, die uns erfüllt; in ein Verbrennungsprodukt aus unserem ganz und gar gelebten Leben. Dasselbe passiert mit unseren Urteilen und Überzeugungen.

Sie werden auf eine merkwürdige Weise transparent. Es ist, als sähen wir durch sie hindurch auf etwas Größeres, das uns, wie wir uns jetzt ehrlich eingestehen müssen, als viel wichtiger erscheint. Unsere jahrelang gehegte Überzeugung steht da irgendwie im Weg herum, ein ärgerliches Relikt aus abgelebter Zeit. Eines Tages wird sie verschwunden sein, einfach so. Wir werden uns erstaunt die Augen reiben: Da war doch etwas, was war da noch gleich …

Auch unser Zeitgefühl bekommt einen räumlichen Charakter. »Zeit« ist nicht mehr ein Faden, der von hier nach dort läuft und uns mitzieht, ob wir das wollen oder nicht. »Zeit« wird nicht länger in winzige Portionen aufgeteilt, die wir »ausfüllen« müssen: Arbeitszeit, Freizeit, Essenszeit, Schlafenszeit. Stattdessen gibt es den sich aus sich selbst heraus entfaltenden Augenblick, und dieser Augenblick ist unendlich. Müssen wir ihn »füllen« mit einer Aktivität, oder ist er nicht in sich selbst erfüllt? Wir sitzen in unserem Zeit-Raum, atmen und lassen die Welt durch unsere Augen und Ohren herein – wollen wir jetzt wirklich aufstehen und ins Kino gehen, die neue Illustrierte lesen?

Wenn wir längere Zeit Zen praktiziert haben, werden sich unsere Interessen wandeln, ganz allmählich und natürlich. Wir gehen nicht zu dem Fest bei den flüchtigen Bekannten, wir kündigen das Theaterabonnement, wir gehen nur noch selten zum Bummeln in die Stadt. Wenn Zeit zum Raum geworden ist, müssen wir nirgendwohin gehen, um das *Leben* zu spüren. Es ereignet sich hier und jetzt, genau da, wo wir sind. Natürlich können wir uns jederzeit entschließen, ins Theater oder auf ein Fest zu gehen. Aber es wird genau diese Aufführung oder dieses Fest sein, die wir besuchen wollen; wir werden sie nicht als Vorwand nehmen, der scheinbaren Leere des Augenblicks zu entfliehen.

Es ist die äußere und innere Dekoration, mit der wir unser Leben ausgestattet haben, die zwischen uns und der Großen Stille steht. Es sind die Zierdeckchen und Duschhauben, die alten Zeitungen und Tagebücher, die automatisch wiederholten Gedanken und Überzeugungen. Das Zen räumt unsere Wohnung aus, die äußere wie die innere. Es öffnet die Fenster sperrangelweit und lässt Luft und Licht herein. Wir atmen auf. Unsere Sinne beruhigen sich. Wir wollen nichts mehr »tun«, wir wollen auch nichts mehr darstellen. Eigentlich genügt es uns, ganz und gar zu sein.

Die Große Stille hat uns in ihre Arme genommen.

Die Große Stille ist nicht die Abwesenheit von irgendetwas, sie ist im Gegenteil die Fülle. Sie ist »leer« im buddhistischen Sinn, denn sie enthält alles, was ist. Aus der Großen Stille speist sich das Werk des Künstlers. Wir laden sie ein, indem wir schweigen.

Schweigen ist für viele Menschen ungewohnt, vor allem das Schweigen miteinander. Sobald zwei Menschen beieinander sind, wird gesprochen. Es scheint sogar, dass die meisten Menschen sich mit anderen nur treffen, um zu reden. Wenn der Gesprächsstoff ausgeht, trennt man sich. Wir als Zen-Praktizierende haben Erfahrung mit Retreats und wissen, wie klärend und nährend es sein kann, mit anderen Menschen zu schweigen.

Wenn wir miteinander schweigen, eröffnen sich uns neue Sinne. Es ist, als hätte unsere Haut auf einmal Augen bekommen; als hätte sie winzige Tastfühler, die sich aus dem Schlaf erheben, sich entfalten und den Raum erkunden, den wir zusammen mit anderen erschaffen. Dieser Raum, der ein Raum der belebten Stille ist, erzählt uns deutlich, wer der andere ist und was zwischen uns beiden geschieht. Wir brauchen nur die physischen Augen zu schließen und die Augen unserer Haut zu öffnen, und die Wahrheit dieses Augenblicks und vielleicht auch die Ursachen ihrer Entstehung werden in unser Bewusstsein treten.

Im Schweigen sind wir fähig, den anderen Menschen wahrhaft zu verstehen. Die Wahrheit über uns selbst wird nicht in Worten mitgeteilt; Worte sind nur ein unzulängliches Hilfsmittel der Verständigung und dienen oft eher der Verschleierung als der Enthüllung. Im Schweigen dagegen sind wir fähig, das Ungesagte zu hören, das Verschleierte zu lesen, die Gefühle des anderen zu fühlen. Es ist das Schweigen, das uns dazu befähigt, dem anderen Freund und Gefährte, Hilfe und Inspiration zu sein.

Wenn wir miteinander tief zu schweigen imstande sind, wird sich zwischen uns die Große Stille zu erkennen geben. Wir werden sehen, dass wir alle in ihr ruhen, immer in ihr geruht haben und nie aus ihr herausfallen können, wie geschäftig wir uns auch geben mögen. Dieses Wissen wird uns dazu verhelfen, unsere Tagesarbeit wieder aufzunehmen, wenn die Zeit dafür gekommen ist in der Welt, in der »Zeit« immer ein Faden sein wird, der von hier nach dort läuft. Jedes Schweigen muss dem Sprechen weichen, jedes Verharren der Bewegung, jedes Ruhen der Tat. Wenn wir wissen, dass wir nie aus der Großen Stille fallen können, werden wir uns mutig und getrost aufs Neue dem zuwenden, was wir unser Leben nennen: unser Alltag von null bis vierundzwanzig Uhr mit seinen Blumen und dem Kompost, seiner Schönheit, seinem Glanz und seiner Dunkelheit.

Erst dann, wenn wir fähig sind, in die Große Stille einzutauchen, aber auch immer wieder aus ihr zurückzukehren in den ganz gewöhnlichen Alltag, ist unser Leben zu einem Kunstwerk geworden.

Die Antwort

Nur deine Spuren, Wanderer,
sind die Straße, sonst nichts;
einen Weg, Wanderer, gibt es nicht,
du selbst erschaffst im Gehen den Weg.
Im Gehen erschaffst du den Weg.

Und wenn du dich umdrehst,
siehst du die Straße,
die nie mehr dein Fuß betritt.
Einen Weg, Wanderer, gibt es nicht,
nur Spuren im Schaum des Meeres.

Antonio Machado

Wunderbare Unvollkommenheit

Künstler haben eine merkwürdige Mentalität, und ich glaube, sie ist für künstlerisches Schaffen unverzichtbar: Ihre ganze Arbeit ist im Grunde ein Suchen nach dem vollkommenen und letztgültigen künstlerischen Ausdruck. Der Roman, der die Summe meiner Lebenserfahrung darstellt, perfekt ausgedrückt, nicht zu übertreffen: Das ist, denkt die Schriftstellerin, das Ziel meines Lebens. Das eine Bild, das alles enthält, was ich in meinem Inneren sehe, und jeder, der es betrachtet, versteht es sofort: Wenn ich es gemalt habe, denkt der Maler, kann ich meine Suche beenden.

Und dann schreiben, malen und komponieren sie zu unserer Freude bis ans Lebensende weiter, und die Klugen unter ihnen machen es wie die persischen Teppichweberinnen, die an einer Ecke des Teppichs einen winzigen Fehler einarbeiten, weil die Vollkommenheit nur Allah gebührt.

Am Anfang unserer Zen-Übung haben wir zumeist die Vorstellung, wir müssten hart und ausdauernd »an uns arbeiten«. Gewissenhaft beobachten wir, wie Gedanken und Gefühle entstehen, und lernen, mit ihnen heilsam umzugehen. Wir begegnen den unbarmherzigen Zen-Meistern Leiden und Tod und der großen Zen-Meisterin Liebe. Wir kehren hunderttausend Mal in den Augenblick zurück, wenn die Umstände drohen, uns hinwegzutragen. Wir atmen und gehen Schritt für Schritt in Achtsamkeit. Wir vereinfachen und verlangsamen unser Leben und trennen uns von überflüssigen Dingen und Tätigkeiten. Warum tun wir das alles? Was ist unsere Motivation, überhaupt solch eine Praxis aufzunehmen? Wenn wir ehrlich sind, müssen wir zugeben: Wir sehnen uns nach der Vervollkommnung, nach dem Gefühl, endlich alle Fehler und Unzulänglichkeiten in uns und um uns herum bereinigt zu haben.

Aber das Leben ist eine persische Teppichweberin, und wie sehr wir uns auch bemühen, in irgendeiner Ecke unseres Inneren und unserer Lebensumstände entdecken wir immer einen »Fehler«, eine falsche Farbe, ein Muster, das uns unpassend und unharmonisch erscheint.

An diesem Punkt sollten wir uns mit dem befassen, was das Zen Erwachen nennt. Vielleicht erscheint Ihnen der Gedanke, Sie selbst könnten ein Erwachter sein, als absurd und viel zu groß. Das passt für einen Buddha, aber nicht für Sie, wo Sie doch all die Fehler in den Ecken Ihres Lebens entdecken. Erwachen, denken Sie vielleicht, ist so etwas wie das perfekte Gemälde: Wenn es, natürlich durch harte Arbeit, geschieht, ist das Leben vollkommen und also vollendet. Eine Folge dieser Annahme ist die unausgesprochene Frage: Kann, soll und darf ich dann überhaupt noch weiterleben? Kein Wunder, dass das Erwachen unter diesem Gesichtspunkt nicht unbedingt erstrebenswert erscheint; eher ist es etwas, das man lieber vermeidet.

Zen-Meister sehen das ganz anders. Thich Nhât Hanh erläutert, woran er und seine Kollegen seit Jahrhunderten den Grad des Erwachtseins in einem Schüler erkennen: »Den erwachten Menschen erkennt man an einer Reihe bestimmter Merkmale. Allen voran ist das die Freiheit: Er lässt sich nicht von den Wechselfällen des Lebens wie Furcht, Freude, Angst, Erfolg oder Misserfolg hin- und herwerfen. Ferner verfügt er über eine spirituelle Energie, die sich offenbart in ausgeglichener Ruhe, unergründlichem Lächeln und tiefer Gelassenheit. Lächeln, Blick, Wort und Tun der erwachten Persönlichkeit stellen die Sprache des Erwachens dar.«

Wenn der Zen-Schüler eine, und sei es noch so kurze, Erfahrung des Erwachens gemacht hat, begreift er, dass die Dinge nicht so sind, wie er sie bisher betrachtet hatte. Wie konnte er vor allem an die Trennung zwischen »ich« und »du«, »mein« und »dein« glauben, und wieviel Leiden in Gestalt von Neid, Konkurrenzdenken und dem Wunsch nach Ruhm hat ihm diese Trennung eingebracht! Die Zen-Schülerin sieht mit Erstaunen, dass ihre Lebensumstände, auf deren Verbesserung sie bisher so viel Kraft verwendet hat, nie perfekt sein werden, und dass doch alles, was sie umgibt, im Tiefsten vollständig ist.

Diese blitzartige Erkenntnis kann in jedem Moment eintreten, sie kann von großer Freude oder Erschütterung und Traurigkeit begleitet sein. Wir können eine solche Erfahrung nicht herstellen, wir können sie allenfalls einladen und vorbereiten. Und sie wird immer im Hier und Jetzt, in diesem Leben, wie es nun einmal ist, gemacht. Und dann lächelt der Zen-Schüler über die wunderbare Unvollkommenheit namens Leben, von der man nichts wegnehmen und der man nichts hinzufügen muss. Alles ist, was es ist, und auch die Missverständnisse, die Einsamkeit und der Verlust gehören dazu. Die Zen-Schülerin erkennt, dass ihr Bemühen um Vervollkommnung überflüssig war: Sie war schon immer vollständig, und das ist viel mehr als Perfektion, denn Vollständigkeit schließt all ihre Abgründe mit ein, das Ungeliebte und Abgelehnte. Warum eigentlich hat sie so viel in sich abgelehnt? Die Zen-Schülerin schaut sich ihr Leben an, ihre Gedanken und Gefühle und die Menschen, die ihr Leben teilen, und stellt staunend fest: *Dies ist es!*

Ein solcher Erfahrungsmoment, der eine völlig neue Sicht auf die Welt eröffnet, verblasst natürlich im Lauf der Zeit. Das Hochgefühl und die manchmal auch schmerzhafte Erschütterung verwandeln sich in eine Erinnerung, die den Menschen fortan wie ein Duft oder ein innerer Klang begleitet. Es ist diese stete Anwesenheit einer inneren Gewissheit, die nicht verkündet oder bewiesen zu werden braucht, die jetzt die Ausstrahlung eines solchen Menschen bestimmt. Der Zen-Schüler wird weiterhin Erfolg und Misserfolg erleben, sich Ziele setzen, Wünsche haben und Sehnsucht verspüren. Aber er wird wissen, dass dies nicht die tiefste Wahrheit ist, sondern zum Spiel des Lebens gehört, und er hat sich entschlossen, mitzuspielen. Die Zen-Schülerin wird auch weiterhin von Angst und Traurigkeit besucht werden, aber in ihrer neuen Gelassenheit betrachtet sie diese als vorübergehende Gäste, die das Haus schnell wieder verlassen werden. Jetzt erst begreifen Zen-Schüler und Zen-Schülerin die Aussage des Zen, die ihnen früher wie eine Negation all ihrer Bemühungen erschienen war: Es gibt nichts zu erreichen. Es gibt nur das unendliche Fließen, und sie fließen mit.

Der Tanz auf dem Seil

Richard Wilhelm, der Übersetzer des I Ging, lebte in den zwanziger Jahren des zwanzigsten Jahrhunderts als Missionar in China. Einmal herrschte in seiner Gegend eine lange Dürreperiode, und die Menschen beschlossen – nachdem all ihre Bemühungen um Regen keinen Erfolg hatten –, einen Regenmacher zu holen. Der Regenmacher wurde in aller Form eingeladen, erschien in einem Wagen, stieg aus, schnupperte in die Luft, verzog das Gesicht und bat um eine abgelegene Hütte, in die er sich zurückziehen konnte. Das Essen wurde ihm vor die Tür gestellt, drei Tage lang sah und hörte man nichts von ihm, und dann begann es nicht nur zu regnen, es schneite sogar, was in jenem Teil Chinas in jener Jahreszeit noch nie vorgekommen war.

Richard Wilhelm war beeindruckt und wollte wissen, wie der Regenmacher das fertig gebracht hatte. Der Regenmacher sagte: »Ich habe gar nichts gemacht.« Richard Wilhelm widersprach: Es regne schließlich nicht nur, es schneie sogar. »Ach das«, sagte der Regenmacher. »Sehen Sie, ich komme aus einem Ort, wo die Menschen in Ordnung sind, sie sind im Tao. Deshalb ist dort das Wetter in Ordnung. Als ich hierher kam, sah ich, dass die Menschen hier in Unordnung sind und mich damit ansteckten. So blieb ich allein, bis ich wieder im Tao war, und dann regnete es natürlich.«

Ein Künstler des Lebens ist ein Mensch, der »in Ordnung« ist, im Tao. Der Weg des Buddha wird der »Mittlere Weg« genannt. Wir neigen dazu, in Extremen zu leben: heiß *oder* kalt, Ekstase *oder* Depression, Liebe *oder* Hass. Wir sind entweder aufgeregt oder depressiv, heftig oder verschlossen. Der Weg des Buddha vermeidet die Extreme, aber er schließt sie auch nicht aus. Vielmehr umgreift er sie und erschafft eine dritte Position. Der »Mittlere Weg« ist der Weg der Balance zwischen den Gegensätzen, und

Balance ist das Geheimnis von Harmonie und Frieden, von Gesundheit und Natürlichkeit und ökologischem Gleichgewicht.

Wenn wir in Unordnung sind, stecken wir andere Menschen mit unserer Unordnung an. Deshalb ist es unsere Pflicht als soziale Wesen, in die Ordnung zu kommen, in die Balance. Wir tun dies auf jede nur nötige Weise und glauben nicht, dass dies egozentrisch von uns sei. Wenn es erforderlich ist, dass wir uns von unseren Verpflichtungen zurückziehen, um wieder in Ordnung zu kommen, dann finden wir einen Weg, dies auf eine für alle Beteiligten akzeptable Weise zu tun. Wenn wir spüren, dass wir einen Urlaub für uns alleine brauchen, das Gespräch mit einem Freund, einen Sambakurs oder ein Zen-Retreat, dann machen wir das Benötigte möglich. Wir praktizieren nicht für uns selbst, wir praktizieren für alle. Ich gehe in Urlaub für dich: damit du von meiner neu gewonnenen Gelassenheit profitierst. Ich tanze Samba für dich: damit du von meiner Freude und Vitalität angesteckt wirst.

Die Mitte ist immer der gelebte Augenblick, unsere volle Wachheit und Präsenz in ihm. Haarfein ist der Augenblick, und unsere Bewegung in ihm ist wie ein Tanz auf dem Seil. Die lange Stange in unseren Händen, die uns ausbalanciert, ist die Achtsamkeit. Ein Künstler des Lebens weiß genau, auf Grund der jahrelangen Übung, wie es sich anfühlt, wenn er aus der Balance gefallen ist. Dann muss die Stange neu ausgerichtet werden. Er hat das Gefühl, zu streng mit sich und anderen zu sein? Dann wird er sich lockern, sich neu einstimmen. Er ist im Gegenteil ein bisschen nachlässig geworden? Dann wird er ein wenig »anziehen«, die Disziplin mehr betonen. Sie hat auf einmal das Gefühl, abgeschnitten von allem zu sein? Dann wird sie sich, in Gedanken und physisch, erneut mit dem großen Ganzen verbinden. Sie fühlt sich im Gegenteil von den Ansprüchen der Welt überwältigt? Dann zieht sie sich zurück und ordnet sich neu.

Ein Künstler des Lebens weiß, dass er, wie jeder Mensch, sich unablässig verändert. Er ist nicht mehr der, der er gestern war, und in einem Monat wird er ein ganz anderer sein. Er hat die starren Regeln aus seinem Leben verbannt. Er tanzt auf dem Seil. Der Tanz ist unendlich. Alles, was er tun kann, ist, sich immer wieder neu auszurichten, um die Mitte in sich selbst zu finden. So erschafft er Harmonie. Harmonie ist nicht eine rosafarbene Wolke, auf der die Dunkelheiten der Welt nicht zur Kenntnis genommen werden. Harmonie ist der Tanz auf dem Seil, den Abgrund der Unbewusstheit und Unausgeglichenheit vor Augen. Harmonie nimmt alle Schwierigkeiten, alle Extreme in sich auf und erschafft eine dritte Position: die Balance.

Aus der täglich geübten Balance steigt die Haltung des Gleichmuts auf, von der so viel die Rede ist im Buddhismus. Wir können uns diese Haltung nicht ausdenken oder willentlich erschaffen. Als Willensübung wird sie wahrscheinlich eher zur Gleichgültigkeit geraten. Wahrer Gleichmut ist hellwach gelebte Mitte, ist das Verweilen auf dem haarfeinen Seil des Augenblicks. Gleichmut nimmt die Dinge, wie sie sind, sie gelten ihm gleich: die Freude wie der Schmerz, die Geburt wie der Tod. Gleichmut nimmt die zahllosen Äußerungen des *Lebens* unterschiedslos mit dem gleichen Mut an, damit *Leben* sich durch diese eine Person ausdrücken darf. Gleichgültigkeit ist Ausschluss: Was mich nicht interessiert oder was mich stört, muss aus dem Bewusstsein ausgeschlossen werden. Wenn ich gleichgültig bin, lasse ich mich nicht mehr berühren; Gleichgültigkeit ist die Mauer, hinter der ich mich verstecke, um nicht vom *Leben* überwältigt zu werden. Gleichmut dagegen hat den Mut, sich berühren zu lassen und dennoch den Tanz auf dem Seil zu wagen: ein Mut, der aus der Mitte erwächst, um die eigene Mitte weiß und ihrer Kraft vertraut.

Ein Gespräch über Schnecken und Apfelkuchen

Ein Künstler des Lebens kommuniziert mit zahllosen Mitteln, und das Wort ist dabei vielleicht die unwichtigste Größe. Schon wenn wir sehen, wie diese Person sich bewegt, wird zwischen uns und ihr – durch ihre Bewegung und unser davon geradezu zwingend ausgelöstes Schauen – ein Tanz von Energien entfacht, der uns beide umfasst und bereichert. Vielleicht geht diese Person besonders langsam und bewusst, vielleicht rennt sie aber auch in höchster Lebendigkeit der Trambahn hinterher. Vielleicht nimmt sie die profansten Dinge behutsam in die Hand, als sei das Sieb, die Abwaschschüssel und das Küchenmesser eine Kostbarkeit. Vielleicht schlägt sie aber auch die nasse Wäsche lustvoll aus, bevor sie sie über die Leine wirft.

Vielleicht stützt sie sich in diesem Moment im Nachbargarten auf den Spaten, um ein paar Kindern beim Spielen zuzusehen: völlig entspannt und präsent, ein Lächeln um die Augen; und etwas zieht uns magisch an den Zaun, dieser auf ihrem Spaten ruhenden Person entgegen. Vielleicht schneidet sie uns im Bäckerladen heute Nachmittag ein Stück Torte ab, und wir haben das Bedürfnis, mit ihr ein Gespräch zu beginnen. Wahrscheinlich wird nichts Weltbewegendes gesagt werden – ein paar Sätze fliegen über den Tresen, ein Lächeln wird hinterhergeschickt. Wir aber treten auf die Straße mit dem Kuchentablett in der Hand und spüren eine grundlose Freude. Als schiene auf einmal die Sonne, obwohl sie gar nicht scheint.

Kommunikation ist die Kunst, das »Gegenüber« in das eigene Gewahrsein aufzunehmen mit dem Wunsch, es möge sein tiefstes Geheimnis enthüllen. Dieser Wunsch entspringt nicht der Neugier und will nicht das eigene Ego befriedigen. Er erwächst aus dem Bewusstsein, dass jedes Phänomen der Vergänglichkeit unterworfen und deshalb in seiner gegenwärtigen Form des Seins kostbar ist.

Das Wahrgenommene entfaltet sich unter der Wärme der Achtsamkeit zu nie geahnter Präsenz. Knurrende Hunde beginnen sich zu entspannen und wedeln mit dem Schwanz; nervöse Katzen dehnen sich behaglich und fallen vertrauensvoll in Schlaf. Babies hören zu weinen auf. Ein wütender Mensch öffnet seine Rüstung, in die er sich gezwängt hat, und klappt das Visier hoch. Ein Ängstlicher wagt es auf einmal, tief zu atmen. Jedes Wesen will wahrgenommen werden; erst wenn es – und sei es auch nur von einem einzigen Menschen – in seiner Wahrheit angenommen wird, kommt es zu sich. Die Wärme der Achtsamkeit beinhaltet ungeteilte Zustimmung: Hier sagt jemand ja zu uns, mit all unseren Unzulänglichkeiten und unserem Ungeschick. Wir lockern unsere Muskeln, entspannen unseren Körper, atmen tief durch. Wir sind geschützt: Diese Person wird unsere Offenheit nicht für ihre Zwecke missbrauchen. Sie wird uns nicht unversehens anbrüllen, mit Häme überschütten oder kalt kritisieren. Sie wird auch nicht über einen abwesenden Dritten herfallen und uns zur Parteilichkeit nötigen. In diesem Raum der Achtsamkeit dürfen wir und alle anderen so sein, wie wir wirklich sind. Unser Ego lässt seine Masken fallen, und das Licht unserer wahren Natur entfaltet sich.

In diesem Augenblick findet Begegnung statt: die Kommunikation von Herz zu Herz, von Geist zu Geist. Die wahre Begegnung zwischen zwei Menschen geschieht jenseits von Worten. Was gesagt wird, mag banal sein; die klugen Analysen, die intellektuelle Brillanz werden in anderen Zusammenhängen entfaltet. Vielleicht geht die Konversation um so elementare Dinge wie das Wetter oder das Abendessen. Man redet über die Eichhörnchen, die bereits ihre Nüsse sammeln, was einen kalten Winter verspricht. Die Schnecken sind in diesem Jahr besonders zahlreich, die Äpfel eignen sich für Apfelkuchen, und Kaffee sollte man mit einer Prise Kardamom aufkochen.

Poesie ist die Sprache des Zen, und Alltagspoesie ist die Sprache der Lebenskunst: Die Bedeutung liegt *zwischen* den Worten und nicht in ihnen. Welche Behaglichkeit strahlt das Wort *Apfelkuchen* aus, welchen Duft transportiert das Wort *Kardamom*! Welche Wolke von Zärtlichkeit wird übermittelt, wenn ein voll präsenter Mensch einem anderen die Hand auf den Arm legt! Wohlgefühl wird in einem Lächeln ausgetauscht, Zustimmung in der Vibration der Stimme. Eine Fülle von Wahrnehmung zwischen zwei Menschen in einem Augenblick der Begegnung wird ausgedrückt in drei schlichten Sätzen über die Schnecken.

Ein Künstler des Lebens hat sein Ego in langer Übung so transparent gemacht, dass es nicht mehr zwischen ihm und der Welt wie eine Mauer steht. Das Ego wurde nicht etwa in eine Kiste gesperrt, nicht ins Unbewusste verbannt und auch nicht zur Illusion erklärt. Es ist einfach (wann und wie ist das passiert? Wir erinnern uns nicht …) dünn geschliffen und in den Dienst einer anderen Instanz gestellt worden, die wir bisher behelfsmäßig Buddhanatur genannt haben (und, wenn wir wollen, auch weiterhin so nennen können). Es ist unsere wahre Natur, die das andere Wesen dazu einlädt, sich in ihrem geschützten Raum zu entfalten. Die Einladung ist verführerisch; es gibt wenige Menschen und selten ein Tier, die ihr widerstehen können. Ein Mensch, der Zen praktiziert, erschafft ab einem bestimmten Punkt seiner Übung um sich herum ein Kraftfeld, in das andere zwingend hineingezogen werden. Je stärker die Kraft seiner Praxis, umso stärker ist die Kraft, die andere in das Feld zieht. Es ist dieselbe Kraft, die uns einst zu unserem Lehrer gezogen hatte: Sie erreichte uns über die Art, in der er seine Schuhe zuband, eine Kerze entzündete, mit einem Schüler sprach.

In diesem Kraftfeld findet Transformation statt, die geheimnisvolle Alchemie, die Unheilsames in Heilsames verwandelt, das Leiden lindert, im Hässlichen den verborgenen Glanz enthüllt. Unser Gefühl, nach Hause zu kommen, wenn wir in dieses Kraftfeld eines wachen Menschen eintreten, ist eine Botschaft unserer wahren Natur: So, wie wir uns jetzt fühlen, sind wir »richtig«, so sind wir gedacht.

Eines Tages stützen wir uns selbst auf unseren Spaten, und plötzlich steht jemand am Zaun und beginnt ein Gespräch. Wir reden über die Eichhörnchen, die Schnecken und den bevorstehenden harten Winter und dass man Kaffee mit einer Prise Kardamom aufkochen sollte. Wir haben keine Lust, über die »absolute Wahrheit« zu schwafeln oder die Funktion des Geistes zu erörtern. Den Regenwürmern gilt unser Interesse und dem Menschen da jenseits des Zauns. Ein junger Mann, ausgebeulte Jeans, in den Augen eine Sehnsucht, die wir kennen. Er sagt, dass er kürzlich angefangen hätte zu angeln, es sei so friedlich am Fluss. Aber vielleicht würde er auch auswandern, nach Australien.

Das *Leben* spricht sich in jedem Augenblick aus, es ist ein Meister der Kommunikation. Es schimmert durch Gesten, durch Schritte und spricht durch ein Lächeln, ein Wort. Die Eichhörnchen sind das *Leben*, und das Gespräch über sie ist es auch. Die Regenwürmer, der Kaffee und wir, auf unseren Spaten gestützt: Anblick, Geruch und Stimme des *Lebens*. Der junge Mann auf der anderen Seite des Zauns weiß noch nicht, wem er da lauscht, aber die Chancen stehen gut, dass er doch nicht auswandern wird. Und warum überhaupt will er auswandern? Weil er frei sein will; er weiß nur nicht, dass er es bereits ist.

Sei dir selbst eine Lampe

Als Buddha Shakyamuni starb, baten seine Mönche ihn um ein letztes Wort, um einen Hinweis, wo sie nach seinem Tod die Lehre finden könnten. Buddha Shakyamuni soll geantwortet haben: »Seid euch selbst eine Lampe.«

Eine authentische Zen-Praxis ist unser Weg zur Befreiung. Wir suchen nicht mehr in Schriften und Lehren unser Heil, wir wenden uns an keine äußeren Autoritäten mehr. Wir begreifen mit allen Fasern unseres Seins, dass wir alles Wissen haben, das wir brauchen – wir müssen es nur berühren und es uns zunutze machen. Wir sind uns selbst eine Lampe.

Ein Künstler des Lebens also zündet sein Lämpchen an, schultert sein (inzwischen sehr leichtes) Bündel und wandert durch seine Tage, unbekümmert um das Wetter oder die Meinung anderer Menschen über ihn.

Sein Licht mag bescheiden sein, vielleicht ist es nur der Schein einer funzeligen Taschenlampe. Na und, sagt der Künstler des Lebens, man muss dankbar sein für alles, was man hat. Immerhin reicht der Schein noch aus zu sehen, wohin ich meine Füße setze. So ein Boden kann nämlich tückisch sein, voller Wurzelwerk, unter Laub verborgen; voller unvermuteter Risse im scheinbar festen Asphalt. Und jenseits des Lämpchenscheins kann es sehr dunkel sein, jeder von uns weiß das: sehr, sehr dunkel. Deshalb haben wir volles Verständnis dafür, dass Goethe auf seinem Sterbebett »mehr Licht« verlangte. Wir sind vielleicht nicht fähig, den »Faust« zu schreiben, aber wir praktizieren Zen und wissen: Wir können lange darauf warten, dass die Welt oder ein anderer Mensch uns leuchte. Das einzig verlässliche Licht ist in uns selbst.

Deshalb ist ein Künstler des Lebens ein freier Mensch.

Ein freier Mensch hat sich von seinen Anhaftungen gelöst. Er trauert nicht mehr Vergangenem nach und erwartet nichts mehr von der Zukunft. Ein freier Mensch hat keine Hoffnung und läuft keinem Ideal hinterher. Hätte er Hoffnung und Ideal, würde der Augenblick ihm nicht genügen: Er lebte nicht hier und jetzt, sondern in einem imaginären Irgendwann, in dem die Umstände »besser« sind und ihn *hoffentlich* glücklicher machen. Ein freier Mensch glaubt nichts mehr: Er hat gelernt, dass die einzig wertvolle Erkenntnis aus seiner eigenen Erfahrung entsteht. So ist er zu seinem Glück als Opfer für Heilsbringer, Wahrheitsverkünder und andere Lügner dieser verlogenen Welt für immer verloren. Ein freier Mensch ist deshalb ein Mensch, der wahrhaft lieben kann: Er ist fähig, vom Geliebten nichts mehr zu erwarten, ihn in seine eigene Freiheit zu entlassen und ihn oder sie dennoch mit seiner Liebe zu umhüllen.

Ich glaube, Freiheit ist der höchste Wert, den wir mit unserem Leben ausdrücken können. Ein wahrhaft freier Mensch ist unangreifbar. Man kann ihn einsperren hinter Schloss und Riegel und in allerlei ausgeklügelte Gefängnisse werfen – ein freier Mensch verrenkt seinen Kopf und späht durch die Gitterstäbe, um das winzige Fleckchen blauen Himmels zu entdecken, das ihn glücklich macht. Er sägt mit einem Steinchen am Gitter, knüpft Hemd und Hose zu einem Seil und trickst die Wachen aus, um zurück in sein wahres Element, die Freiheit, zu gelangen. Und wenn ihn jeder, aber auch wirklich jeder verlassen hat, kann er sich noch immer unterhalten mit seinem großen Zeh.

Ein freier Mensch kann angegriffen, angeschrien und bespuckt werden und kurz vor dem Zusammenbruch stehen – und plötzlich, er kann nicht sagen wie, bricht etwas in ihm auf, und er sieht in einem Jubel: Was hier stattfindet, ist eine Theateraufführung, und er und alle anderen spielen ihre Rollen darin. (Nur ist er leider der Einzige, der das in diesem Augenblick weiß.) Er ist durchgebrochen auf eine andere Ebene, auf der sich Körper und Geist so leicht anfühlen, als schwämmen sie in einem tragenden

Element – vielleicht so etwas wie Fruchtwasser oder eine luftige Entsprechung zum Toten Meer. Die Ereignisse, in denen er eben noch gefangen schien, erweisen sich von dort aus als interessantes, wild bewegtes Muster, an dem sein wahres Ich keinen Anteil hat.

Da beginnt der freie Mensch zu lachen. Sein Lachen kommt tief aus seinem Bauch; so lacht nur einer, der seine Tränen wirklich geweint hat. Der die Verstrickungen kennt, in denen wir uns selber fangen; der diese ganze Theateraufführung, die wir Leben nennen, durchschaut und dennoch weiß: Er wird immer ein Teil von ihr sein. Er liebt diese Aufführung: ihre Komik, ihren feierlichen Ernst und ihre hinreißende Unvollkommenheit. Er wird seine Rolle spielen; über die Güte seiner Darstellung werden andere befinden. Sein Rollenfach ist der Wanderer, der mit der Taschenlampe in der Hand.

Leichtigkeit und Anmut

Ein Künstler des Lebens geht mit federleichtem Schritt durch seine Tage, und seine Füße hinterlassen auf der Oberfläche der Welt nicht den Hauch einer Spur.

Das ist eine bestürzende Aussage für unser Ego. Keine Spur sollen wir hinterlassen? Aber doch wenigstens ein paar Erinnerungen, ein Album voller Bilder, ein kleines Denkmal? Ein paar Eindrücke im Leben der »anderen«?

Ein Künstler des Lebens hinterlässt nicht einmal die Spur seiner Füße im feuchten Sand.

Die großen Lehrer, denen ich begegnen durfte, waren deshalb so groß, weil sie keinen Ein-druck in mir hinterließen. Sie haben sich meinem Sein nicht aufgeprägt, damit ich von ihnen gezeichnet sei. Sie waren vielmehr ein weiter offener Raum, in dem ich mich frei bewegen und meine eigenen Entdeckungen machen durfte. Anstatt mich zu beeindrucken, haben sie mich berührt. Oder habe ich mich vielleicht selbst berührt in dem weiten offenen Raum, und sie haben sich selbst berührt in der Begegnung mit uns?

Wer Zen praktiziert, verliert an Gewicht. Jahrealte Lasten sind einfach von seinen Schultern geglitten. Überzeugungen, die er »hatte«, haben sich als sich unablässig verändernde Zusammenballung von Energie herausgestellt. Gedanken, die ihn beschwerten, haben, wie er erkannt hat, die flüchtige Konsistenz von Abendwolken: in unendlicher Verwandlung begriffen von der Form eines Kamels in die eines bösen Geistes, und dahinter ist der Himmel blau und klar. Der Zen-Schüler »hatte« so allerlei – Meinungen, Hobbies, seine Lebensgeschichte, jede Menge Beziehungen –, jetzt »hat« er nichts mehr. Das beflügelt seinen Schritt, das durchlüftet seinen Kopf.

Er schwebt keineswegs zwei Zentimeter über dem Boden, im Gegenteil. Zum ersten Mal spürt er wirklich die Erde unter seinen Sohlen, ihre Wärme, ihre Kälte, ihre Widerstandskraft. Er hat sich auch nicht von den Menschen zurückgezogen. Vielleicht sieht er sie seltener und weniger von ihnen. Aber noch nie war er, wenn er da war, so präsent, so ungeteilt in seiner Aufmerksamkeit. Dennoch hinterlässt er, wenn er gegangen ist, kein Bild von sich. Begegnung hat sich ereignet in dem weiten offenen Raum, den er in Form seiner Person zur Verfügung gestellt hat. Reine Erfahrung hat stattgefunden, die Erfahrung des Spiels des *Lebens*. Ist er gegangen, bleibt nichts zurück als ein Duft, ein Lächeln, eine Restwärme.

Der Künstler des Lebens antwortet mit Leichtigkeit auf die Fragen, die das *Leben* an ihn stellt. Er antwortet spontan und überlegt nicht vorher eine halbe Stunde, ob er mit seiner Antwort jemandem auf die Füße tritt, ob die Antwort politisch korrekt ist oder der allgemeinen Moral entspricht. In einem tiefen Sinn *wird* seine Antwort »politisch korrekt« sein und die Ethik des Seins nicht verletzen – aber dieser tiefe Sinn mag der herrschenden Gesellschaft durchaus verborgen bleiben. Die Antwort, die der Künstler des Lebens gibt, ist vom Augenblick bestimmt und deshalb immer authentisch und nie vorherzusehen. Sie mag in einem Lachen oder einem ernsten Satz bestehen; in einem Tanz oder einem Händeklatschen; in einem langen Blick oder einer Umarmung; in einem Schrei oder einer Klage. Der Künstler des Lebens weiß, dass alles die Stimme des *Lebens* sein kann, und er hat gelernt durch seine unablässige Übung, der Kraft des *Lebens* standzuhalten. Als starres, abgeschlossenes Gebäude wäre er unter der Kraft zerbrochen; der weite und offene Raum aber, der er geworden ist, kann die Kraft einfach hindurchfließen lassen.

Die Leichtigkeit, die sich seiner bemächtigt hat, gibt dem Künstler des Lebens seine Anmut.

Er wird Neid hervorrufen. Eifersucht. Es könnte sein, dass »die Welt« ihre Häme über ihn ergießt. Das darf ja nicht sein, dass da jemand durch das Großstadtgewühl um fünf nach dem Büroschluss tanzt; dass da jemand die allgemein anerkannte Aufgeregtheit über das Tagesgeschehen mit einem Lächeln kommentiert; dass jemand einfach aufsteht und geht, wenn die Atmosphäre im Raum sich zusammenballt und demnächst Teller zu fliegen drohen. Es kann nicht sein, dass jemand die Schicksalsschläge, die auch ihm nicht erspart bleiben, mit solcher Behutsamkeit entgegennimmt und seine Wärme dabei nicht verliert; dass die Person niemanden bestraft, sich nicht an der Welt für erlittenes Unrecht rächt, nicht wenigstens eine kleine wirksame Bombe bastelt. Es kann nicht sein, dass jemand, der offen angegriffen wird, mit entspanntem Körper stehen bleibt und eine Antwort gibt, die dem Angreifer, keiner weiß warum, die Luft aus den Segeln nimmt.

Wer ist das, der sich da nicht mehr in die Spiele der anderen ziehen lässt, sich vom Tagesgeschehen fern hält und dennoch kraft seiner Person einen geheimnisvollen Einfluss ausübt, dem sich wenige entziehen können? Wer ist das, der alle Formen des Lebens willkommen heißt und keinen Unterschied mehr zu machen scheint zwischen angenehm und unangenehm; dessen Lachen immer ein Weinen und dessen Leid immer eine Freude zu enthalten scheint? Wer ist das, der sich jedem, der ihn braucht, uneingeschränkt zur Verfügung stellt und der dennoch von niemandem zu erfassen oder zu fassen ist? Der seinen Alltagspflichten nachkommt wie jeder, vielleicht sogar mit größerer Disziplin und Genauigkeit, und der dennoch nirgendwo »dazugehört«, Mitglied in keiner Partei ist und keine Ideologie vertritt?

Können wir es zulassen, dass eine solche Person in unserer Mitte weilt und uns durcheinander bringt, weil wir sie nicht einordnen können? Weil sie uns unheimlich ist; uns stört; uns irritiert in unserer lebenslangen angenehmen Gewohnheit, die wir erst jetzt erkennen als das, was sie ist: tiefster Schlaf? Diese Person weckt unsere Sehnsucht. Vielleicht verlieben wir uns in sie, und wenn sie unser Gefühl nicht erwidert, bekämpfen wir sie erbittert. Vielleicht suchen wir nach Fehlern in ihr und finden sie auch: Sie hat vermutlich ebenso viele wie wir. Triumphierend führen wir ihre Fehler im Freundeskreis vor; über niemanden wird so ausführlich und ätzend geredet wie über diese Person, ohne dass es ihr im Geringsten zu schaden scheint. Unsere Wut findet keinen Gegner. Sie tobt sich einfach aus in dem weiten offenen Raum, den diese Person zur Verfügung stellt.

Ein wahrer Künstler des Lebens ist eine Provokation. Wir begegnen uns selbst, das heißt: Wir begegnen unseren ungelebten Möglichkeiten. Das ist ein Schock. Ein Schock weckt auf. Wenn diese Person mit solcher Anmut durch die Misere der Welt tanzen kann, in voller Wachheit und Bewusstheit und ohne auch nur die geringste unangenehme Begebenheit zu leugnen oder hinwegzuerklären, sondern im Gegenteil imstande ist, das Unheilsame in Heilsames zu verwandeln – dann sollten wir das ebenfalls können. Warum können wir das nicht? Warum machen wir uns nicht auf, es zu lernen?

Nach-Klang

Ich lege den Bleistift aus der Hand. Es ist sechs Uhr abends, in den Höfen unten im Tal gehen die Lichter an. In der Stadt blühen schon die Mandelbäume; hier auf dem Berg kommt der Frühling spät. Es ist ein ernsthafter Frühling, der sich gründlich vorbereitet. Im März schickt er Schwärme von Staren und Grünfinken aus, die sich auf der Durchreise befinden und in der Birke niederlassen auf ihrem Weg zu ihrem Zuhause, das irgendwo hoch im Norden sein muss. Hochgeehrte Gäste, die mich jedes Jahr unvorbereitet antreffen, was sie, höflich gesagt, empört. Ich streue Hanf, eile in die Küche und röste pfannenweise Haferflocken. Die Birke vibriert, die Gäste schnattern, es ist ein ohrenbetäubendes Schwirren und Sirren in der Luft. Nach einer Stunde ist der Spuk vorbei. Ich stehe auf der Weide, lege den Kopf in den Nacken und beschatte meine Augen mit der Hand. Sie sind nur noch eine winzige schwarze Wolke am Horizont. Reisende soll man nicht aufhalten. Ich nehme den Reisigbesen und kehre die Samenhülsen zusammen.

Ich habe lange gezögert, ein Buch über Zen zu schreiben; immerhin gibt es schon ungefähr dreitausend, und warum sollte meine Sicht von Zen so anders oder besonders sein. Aber Schriftsteller scheinen es nicht lassen zu können, alles auszudrücken, was sie bewegt, und jetzt habe ich es doch geschrieben: Ein Buch über die Art Zen, die ich selbst lebe. Für eine literarische Autorin wahrhaft eine Veränderung (und somit eine Herausforderung). Ein Risiko (das ich folglich zu verantworten habe). Die Themen, die ich hier anspreche, waren nicht geplant: Sie entfalteten sich aus dem Augenblick heraus. Ich praktizierte mein Zen, indem ich mich schreibend in das Zen vertiefte; ich durchlebte die beiden Arten des Zweifels ebenso wie die Angst vor dem Scheitern und die unermessliche Freude, die der Umgang mit Sprache einem Menschen schenkt, dessen Berufung es ist, zu schreiben.

Ich werde nie wieder die sein, die ich war, bevor ich dieses Buch begonnen habe.

Meine Darlegung der wunderbaren Praxis des Zen erhebt keinen Anspruch auf Vollkommenheit. Es ist die Auffassung einer Künstlerin, die sich schon im Alter von fünf über die Phänomene des Lebens gebeugt hat, um in ihnen den Glanz einer anderen Welt zu suchen. Einer Welt, in der ihr Herz endlich zu Hause wäre. Es dauerte fünfunddreißig Jahre, bis ich *diese* Welt als meinen Erfahrungsraum akzeptierte. Ich begriff, dass ihre Düfte und Farben, ihre Wärme und Kälte, ihr Glanz und ihre abgrundtiefe Dunkelheit Fragen an mich stellen, auf die ich Antwort zu geben habe.

Für mich ist Zen nur ein anderes Wort für Kunst, und Kunst ist ein anderes Wort für *Leben*. Erst wenn wir alle Etiketten und die damit verbundenen Vorstellungen losgelassen haben, können wir eintauchen in die reine Erfahrung des Seins.

Mögen meine Worte eine Sehnsucht wecken in denen, die dafür bereit sind: die Sehnsucht nach einem Leben, das nicht im Halbschlaf verbracht wird, sondern in äußerster Wachheit, leuchtender Bewusstheit, schöpferischer Leidenschaft und einer Offenheit des Herzens, die alles willkommen heißt, was sich von Augenblick zu Augenblick entfalten will. Ein Leben, das seine eigene, einzigartige Antwort gibt auf die eine große Frage: Wer bin ich?

Der Frühling wird sehr bald da sein. Ich rieche ihn, er sitzt in der Birke. Vielleicht haben die Vögel ihn dort hinterlassen als einen Duft, als ein Versprechen. Er wird ausbrechen über Nacht im einem Jubel, der uns den Atem nimmt. Ein weiterer langer kalter Winter wird nichts mehr sein als Erinnerung. Falls ich mich erinnern will. Ich glaube, ich will es nicht.

Und jetzt werde ich in die Küche gehen und beginnen, mir eine Suppe zu kochen.

Quellen

Robert Aitken (S. 59): ders. »Ethik des Zen«, © Diederichs Verlag, München 1989

Hilde Domin (S. 25): dies. »Von der Natur nicht vorgesehen«, © Serie Piper, München 1972

Hilde Domin, »Es knospt« (S. 65): dies. Gesammelte Gedichte, © S. Fischer Verlag GmbH, Frankfurt am Main 1987

Mircea Eliade (S. 18). ders. »Schamanismus und archaische Ekstasetechnik«, © Suhrkamp Verlag, Frankfurt 1975

Thich Nhât Hanh (S. 15): ders. »Ich pflanze ein Lächeln«, © Goldmann Verlag, München 1991

Thich Nhât Hanh (S. 22, 57): ders. »Der Duft von Palmblättern«, © Verlag Herder, Freiburg 2000

Thich Nhât Hanh: ders. »Schlüssel zum Zen«, Herder Verlag 1997

Reiner Kunze, »Jeder tag (für elisabeth)« (S. 47): ders. »Gespräch mit der Amsel«, © S. Fischer Verlag GmbH, Frankfurt am Main 1987

Antonio Machado (S. 139): zitiert nach Thich Nhât Hanh »Die fünf Pfeiler der Weisheit«, © 1995 alle deutschsprachigen Rechte by Scherz Verlag, Bern, München, Wien für den Otto Wilhelm Barth Verlag

Thomas Merton (S. 25): zitiert nach Michael Mott, »The Seven Mountains of Thomas Merton«, Houghton Mifflin Co., Boston 1984

P'ang-yün (S. 117): zitiert nach Perle Besserman/Manfred Steger »Verrückte Wolken«, Theseus Verlag, Berlin 1999

Rumi (S. 13): ders. »Unseen Rain. Quatrains of Rumi by John Moyne and Coleman Barks«, Threshold Books, Vermont 1986

Anton Tschechow (S. 126): zitiert nach Katherine Mansfield »Tagebücher«, DVA, Stuttgart

Giuseppe Ungaretti, »Ewig« (S. 97): ders. »Gedichte«. Ü: Ingeborg Bachmann, © Suhrkamp Verlag, Frankfurt 1991

Anmerkung des Verlages:

Wir danken den Verlagen und Rechteinhabern für die Erteilung der Abdruckgenehmigungen. Bei einigen Texten war es trotz gründlicher Recherchen nicht möglich, die Inhaber der Rechte ausfindig zu machen. Honoraransprüche bleiben bestehen.